中华经典藏书

地藏经 药师经

许颖 译注

中華書局

图书在版编目(CIP)数据

地藏经·药师经/许颖译注. —北京:中华书局,2016.3
(2025.5 重印)
(中华经典藏书)
ISBN 978-7-101-11565-9

Ⅰ.地…　Ⅱ.许…　Ⅲ.①佛经②《地藏经》-译文③《地藏经》-注释④《药师经》-译文⑤《药师经》-注释　Ⅳ.B942.1

中国版本图书馆 CIP 数据核字(2016)第 032903 号

书　　名	地藏经　药师经
译 注 者	许　颖
丛 书 名	中华经典藏书
责任编辑	张彩梅
装帧设计	毛　淳
责任印制	陈丽娜
出版发行	中华书局 (北京市丰台区太平桥西里 38 号　100073) http://www.zhbc.com.cn E-mail:zhbc@zhbc.com.cn
印　　刷	河北博文科技印务有限公司
版　　次	2016 年 3 月第 1 版 2025 年 5 月第 14 次印刷
规　　格	开本/880×1230 毫米　1/32 印张 8⅜　插页 2　字数 140 千字
印　　数	158001-168000 册
国际书号	ISBN 978-7-101-11565-9
定　　价	19.00 元

目　录

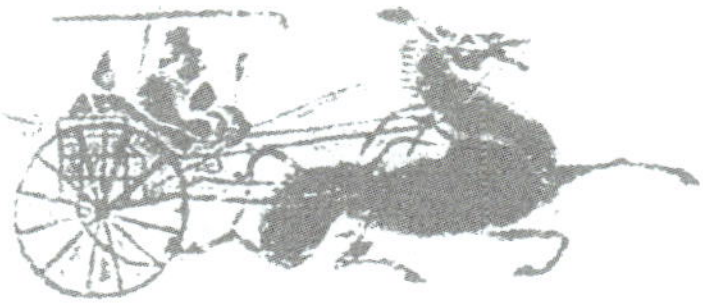

地藏经

前　言

在中国佛教中，地藏与观音、文殊、普贤一起被尊为四大菩萨。地藏菩萨以“众生度尽，方证菩提；地狱不空，誓不成佛”的宏大誓愿与自我牺牲精神而著称，更以“幽冥教主”的身份和神秘的死后世界联系起来，从而得到了普遍的崇敬与膜拜，在民众的信仰生活中扮演了重要的角色。《地藏菩萨本愿经》是与地藏信仰有关的最重要的经典，叙述地藏菩萨在因地修行、所发誓愿及度化众生的过程与事迹，是一部在中国佛教发展史、特别是大众信仰层面曾经产生过重大影响的佛教经典。

一　概　述

以地藏菩萨为主题的经典，最主要的三种有“地藏三经”之称，分别是《地藏菩萨本愿经》、《地藏菩萨十轮经》、《占察善恶业报经》。其中《地藏菩萨十轮经》有两个译本，《大方广十轮经》（译者佚）和《大乘大集地藏十轮经》（玄奘译），均收于《大正藏》第十三册。《地藏菩萨十轮经》说的是世尊赞叹地藏菩萨之功德，并依地藏菩萨所问，宣说了在五浊恶世，以如来原理成就十轮，以破除末世之十恶轮。该经体现出强烈的末法忧患意识，对五浊增时众生对于正信发生困难，僧团内部谤正法、贪名利的现象予以批判，又强调了维护出家人的尊严，以使正法不灭。《占察善恶业报经》是另一部重要的地藏经典，题为隋代外国沙门菩提灯译，收于《大正藏》第十七册，经中讲述了以本轮相占察善恶吉凶的方法，以及如何消除诸障，增长净信等内容。在三经之中，影响最大的还是《地藏菩萨本愿经》。

《地藏菩萨本愿经》，梵文 Kṣitigarbha-Praṇidhāna-Sūtra，共二卷，唐于阗国三藏沙门实叉难陀译，收于《大正藏》第十三册，无异译本和重译本。

关于本经的译者有很大的争议。该经经题下署有唐于阗国三藏沙门实叉难陀译，实叉难陀（652—710，Śikṣānanda），汉译“学喜”，唐于阗（今新疆和田）人，精通大小乘佛学，是唐代著名的佛经翻译家。据《开元释教录》载，他翻译的佛经共计十九部、一百零七卷。实叉难陀对中国佛教译经事业的最大贡献是翻译了于阗所传的大本《华严》，但在《开元录》、《贞元录》等佛教经录当中皆无实叉难陀翻译《地藏经》的记载。据日本学者羽溪了谛推测，本经成于中亚之于阗；松本文三郎则认为本经成于元末明初，仿照净土经典叙述阿弥陀佛之本愿，以《地藏十轮经》思想为架构，由中国学者增补润饰而成之；真锅广济反驳松本之说，认为本经之原本即如现行本，并非后世所增补。该经在宋、元、明、高丽等诸藏中唯明藏收之，而比明藏更早之宋、元、高丽等诸藏皆未收，故基本上可以认定，实叉难陀传译《地藏经》之说系托名之作。

《地藏经》的经名有三种：一名《地藏本愿经》，表示地藏菩萨愿力不可思议，以不可思议之愿力，愿度一切众生离苦得乐，愿度一切众生最终成佛，此“愿”亦为一切佛菩萨之根本大愿，故称“本愿”；一名《地藏本行经》，地藏菩萨发大誓愿，身体力行，从无量生死以来，至无量大劫以后，世世入三恶道度一切罪苦众生，难行能行。此“行”亦为一切佛菩萨之根本大行，故称“本行”；一名《地藏本誓力经》，以愿起行，以行感力，地藏菩萨以不可思议的大愿大行，感得不可思议之大誓力，远超一切菩萨，故得本师释迦牟尼佛数数赞叹。本书取第一种，以《地藏菩萨本愿经》为名。

《地藏菩萨本愿经》的经名是人法立题。地藏菩萨是人，本愿是法。《地藏菩萨本愿经》是释迦牟尼佛在入灭前的托孤咐嘱经。他将自佛灭后直至弥勒成佛之间的一切天人及恶道众生，统统托付给地藏王菩萨，令其劝化向善，直至发菩提心成佛，了佛本愿。

《地藏菩萨本愿经》为上、下二卷，后世为读诵方便，也分为上、中、下三部分，共计十三品。全经主要内容如下：

1. 忉利天宫神通品第一：释迦牟尼佛在忉利天为其母摩耶夫人说法，十方诸佛菩萨集会赞叹。如来放光含笑，现大神通，为所有集会者宣说地藏菩萨过去的因行与誓愿。

2. 分身集会品第二：十方地狱处分身地藏菩萨，与诸受化众生来见世尊。世尊咐嘱地藏菩萨“令娑婆世界至弥勒出世已来众生悉使解脱，永离诸苦，遇佛授记”。

3. 观众生业缘品第三：摩耶夫人向地藏菩萨咨问业报所感恶趣，地藏菩萨略答地狱五无间事。

4. 阎浮众生业感品第四：定自在王菩萨更问往因，释迦牟尼佛再次宣说地藏菩萨本生誓愿，并细说众生的恶行所感召的苦报。

5. 地狱名号品第五：地藏菩萨为普贤菩萨略说地狱的名称与恐怖的相状。

6. 如来赞叹品第六：释迦牟尼佛称扬赞叹地藏菩萨以大威神力和大慈悲力，救护罪苦众生。普广菩萨请问利益，佛为说供像读经持名等。

7. 利益存亡品第七：地藏菩萨宣说修福设供，普劝众生断恶修善。大辩长者请问荐亡功德，地藏菩萨为说七分获一。

8. 阎罗王众赞叹品第八：阎罗王与众多鬼王承佛菩萨神力，俱诣忉利，请问众生不依善道之故，佛以如迷路人喻之。次有恶毒鬼王、主命鬼王各发善愿护卫众生，佛赞印之。

9. 称佛名号品第九：地藏菩萨为利众生，演说过去诸佛名号及称名功德。

10. 校量布施功德缘品第十：释迦牟尼佛回答地藏菩萨的询问，比较不同方式布施的功德差别。

11. 地神护法品第十一：坚牢地神在佛前宣称要以种种方便护佑供养地藏菩萨和念诵《地藏菩萨本愿经》的众生。

12. 见闻利益品第十二：释迦牟尼佛为观世音菩萨宣说瞻礼地藏菩萨像或持诵地藏菩萨名号所获得的广大不可思议功德利益。

13. 嘱累人天品第十三：释迦牟尼佛再次摩地藏菩萨顶，以诸众生咐嘱令度。次为虚空藏菩萨说见地藏像、闻地藏经可得二十八种利益。

历代对《地藏菩萨本愿经》的注疏比较简单，这与该经主要以叙事为主，较少涉及抽象义理有一定的关联。主要的注疏有：

1. 宋代常谨集《地藏菩萨像灵验记》一卷，书中收录了梁至宋代有关地藏菩萨的三十二种灵验事迹。

2. 《地藏菩萨本愿经科文》一卷，清代灵耀定文，门人岳玄排出，对本经的内容依其先后次序作了细致的排列。

3. 《地藏本愿经科注》六卷，清代灵耀撰，对本经的经文分段、分句加以注解。

4. 《地藏本愿经论贯》一卷，清代灵耀撰，分三部分。第一部分，依天台智者大师释经方轨，先明五重玄义：（一）释名。本经以不思议人法为名，地藏菩萨是人，本愿是法，并解释地藏的含义及其大愿的内容；（二）辨体。本经以不思议性识（第八阿赖耶识）为体；（三）明宗。本经以地藏菩萨不思议行愿为宗；（四）论用。本经以地藏菩萨不思议方便为用；（五）判教相。本经以无上醍醐为教相，具足无上妙味。第二部分，总示观法。第三部分，别解经文，对本经的每一品均做了简要提示。上述灵耀所著三种章疏均刊于《卍续藏》第三十五册。

5.《地藏菩萨经开蒙》三卷，清代释品耀集。

6.《地藏菩萨本愿经演孝疏》，清代释知性作。

近现代以来，开始出现白话的《地藏菩萨本愿经》解释。较早的一部由民国胡维铨演述，弘一法师鉴定。演述者强调此经以因果报应来改良人心，解释的目的在于，一者使读者对经文意义充分明了；二者以警恶劝善、离苦得乐为原则；三者使用开导的方法，使阅者起信。其行文为每段经文后分为解读经文、诠释经义两段。由于此白话解释通俗易解，至今仍在流行。

教界对《地藏菩萨本愿经》的讲解也很多。如太虚大师曾在上海讲《地藏菩萨本愿经开题》（附大科），宣化上人讲《地藏菩萨本愿经浅释》等等。较新的著作则有顾净缘、吴信如的《地藏经法研究》，将地藏信仰与密教法门相结合加以阐释。

近年来学界对《地藏经》与地藏信仰的研究也在不断丰富。除散见于各类学术期刊的文章以外，学术专著有张总《地藏信仰研究》，该书从文本、造像的角度，对历史上与地藏信仰有关的史料与遗迹进行了全面的考证与研究。四川大学尹富博士的论文《中国地藏信仰研究》，则对中国历史上地藏信仰的源流与发展做了梳理，探讨了知识精英、一般民众以及文化选择在地藏信仰中国化方面所起的作用。对《地藏菩萨本愿经》经文本身的译注主要有台湾出版的陈利权、伍玲玲释译《地藏本愿经外二部》，该书首先对经文中的佛教关键词加以阐释，接下来是对经文的白话翻译，并附有对《地藏经》文本及思想的简要介绍。本书在译注与撰写的过程中，主要参考了该书的体例与相关内容。

二　地藏菩萨与地藏信仰

地藏，梵名 Kṣitigarbha，音译作乞叉底檗婆。关于地藏之名，《地藏十轮经》卷一解释说是因为此菩萨“安忍不动，犹如大地，静虑深密，犹如秘藏”。关于地藏之义，《大方广十轮经》卷一以其为伏藏（埋藏在地中之宝藏），《究竟一乘宝性论》卷四又以地中之伏藏喻显“如来藏”。简而言之，地藏是受释迦佛的嘱托，于释迦佛圆寂后至弥勒菩萨成道前的无佛时代，自誓度尽六道（天、人、阿修罗、畜生、饿鬼、地狱）众生始愿成佛之菩萨。在中国佛教界，地藏被视为四大菩萨之一，与文殊、普贤、观音并列，被称作“大愿地藏”。

《地藏本愿经》是地藏信仰所依据的主要经典，其中叙述的地狱情景与地藏性格，甚能与通俗信仰相契合。如《地藏本愿经》强调说：“有新产者，或男或女。七日之中，早与读诵此不思议经典，更为念菩萨名，可满万遍。是新生子，或男或女，宿有殃报，便得解脱，安乐易养，寿命增长。若是承福生者，转增安乐，及与寿命。”这是说此地藏以延命利生为本愿，主要在护念新产之婴儿。后世扩张其意义，认为此菩萨能免夭折之灾，具有延命之德，故又被称作延命地藏。延命地藏现比丘声闻相，半跏趺坐于莲台上，右手持锡杖，左手持宝珠。此菩萨在日本参礼者颇多。再如，《地藏本愿经》强调世俗供奉地藏菩萨的方法与诸多利益。经中说到，若以塑画或金、银、铜、铁等做成地藏菩萨之形像，烧香供养，瞻礼赞叹，则于所居之处，可得十种利益，即土地丰壤、家宅永安、先亡（去世的先人）升天、现存益寿、所求遂意、无水火灾、虚耗（妖孽）辟除、杜绝恶梦、出入神护、多遇圣因（与佛法结缘）。这十种利益，可以说是最大限度地满足了老百姓的美好愿望——天下太平，丰衣足食，延年益寿，安居乐业。除此之外，老百姓恐怕再也没有什么其他奢求了。所以，地藏的大愿是深得人心的，不管能否兑现，人们都被深深地感动了。

地藏菩萨信仰在中国自南北朝时就已开始。他同观音菩萨、弥勒菩萨、阿弥陀佛一起，获得了一代又一代下层百姓的诚心皈依。据唐道宣在《释迦方志》卷下说：“自晋、宋、梁、陈、魏、燕、秦、赵，国分十六，时经四百，观音、地藏、弥勒、弥陀，称名念诵，获其将救者，不可胜计。”如果说观音信仰能够减轻对现世苦难的痛苦感受，弥勒、阿弥陀信仰能够维持对未来往生的美好憧憬，那么，地藏信仰的功效便是能够缓解对死后在地狱继续受罪的深刻恐惧。地藏菩萨的功德既特重于使众生不堕于恶道受苦，解除众生对来世的恐惧，保证来世的福祉，又为众生求得现世的利益安乐，这无疑极大地切合了众生的愿望和要求。因此之故，再加上地藏菩萨本来至诚的孝行，地藏菩萨就受到了广泛的崇敬和信仰。他是除观音菩萨外，在古代中国拥有最多信奉者的一位大菩萨。

中国有四大佛山，相传为四大菩萨的道场，其中安徽省青阳县的九华山，即是地藏菩萨显圣度众的道场。据《宋高僧传》卷二十等载，地藏菩萨降诞为新罗国王族，姓金，名乔觉，生于新罗国王族。生而相貌奇特，顶骨耸出特高。臂力甚大，可敌十人。为人心地慈善，颖悟异常，尝自诲曰：“六籍寰中，三清术内，唯第一义，与方寸合。”唐代的中国佛教，如日中天，吸引了一些日本、新罗、高丽、百济等国的僧人来华求法。金乔觉出家后，即携白犬善听航海来华，至安徽省池州府青阳县九华山。见山峰状如莲花，峰峦耸秀，山川幽奇，便登高览胜，叹为稀有。他终日坐禅诵经，生活异常清苦。后被山民诸葛节发现，甚为感动，于是到处募捐，“近山之人，闻名四集”，郡守张公严闻知，即施舍大量钱财建成寺庙，并上章奏请朝廷为寺庙赠匾，曰“化成寺”。金乔觉成为化成寺的祖师后，依然苦行笃修，深得弟子们的敬仰和爱戴。又传说时九华山地为闵让和所有，建寺须请其施舍山地。闵公坚信佛教，素怀慈念，乐善好施。每斋僧百名，必虚一位，请洞僧地藏比丘，以足其数。闻知诸葛节等人要在此建造寺院，自然十分欢喜，乐意捐助山地。闵公对金乔觉说：“九子山头的土地，尽为我有，任意所需。”金乔觉答曰：“一袈裟地足矣。”闵公许之。

金乔觉遂将袈裟一展，遍覆九子山峰。闵公见状甚喜，尽将所荫之地施与金乔觉建大道场，并遣其子出家，法名道明。后来闵公亦舍俗离尘，礼其子道明为师。现今所见地藏菩萨像，左道明，右闵公。寺院建成后，各方学者云集此山，特别新罗国的僧人，来此日多。

据说李白漫游九华山时，曾与金乔觉有过一段交往，李白写下“赖假普慈力，能救无边苦”的诗句赠与金乔觉。金乔觉也能写一手好诗，《全唐诗》中即收有他的诗作。贞元十年（794），金乔觉于化成寺圆寂，因其肉身不坏，颜面如生，佛徒们便确信他为地藏菩萨化身，乃建塔纪念，并以全身入塔，今九华山神光岭月身宝殿，俗称“肉身塔”者即此。又因其容貌酷似地藏菩萨瑞相，佛徒们更坚信他为地藏菩萨转世，称其为地藏王、金地藏。关于其称名，有说因其姓金，故称“金地藏”，又因其原为王子，故称“地藏王”。另有说金乔觉“趺坐函中，遂没（残）为地藏王”。过了三载，“开函视之，颜色如生，舁之，骨节俱动，若撼金锁焉，随（遂）名金地藏”（《宋高僧传》、《重僧搜神记》）。金乔觉被认为是地藏菩萨应化而广为人们尊崇，九华山也被视为地藏菩萨应化说法的道场，而被尊为地藏信仰的中心。历经宋、元、明、清，地藏信仰日益兴盛，在九华山相继建寺，规模宏大，鼎盛时期其佛寺达300余座，僧众4000余人，以至香烟幻绕，经年不绝，故有“佛国仙城”之美誉。金乔觉为地藏菩萨，完全符合当时宗教信仰的需要，满足了千百万善男信女的最大愿望。佛经中的地藏菩萨尽管崇高伟大，但毕竟虚无缥缈，既看不见，也摸不着。而有了近在眼前的地藏菩萨，则给信徒们带来了真实、亲切的感受，拉近了人神间的距离，佛国天境也变得世俗化了。

我国民间将地藏王诞日定于农历七月晦日（七月最后一天）。这一天因有隆重的祭祀活动，故又称地藏节、地藏会。旧时各地的祭拜活动也不尽相同。如温州一带，“温州城来福城外有地藏王殿。是夜，有远近百里以内的老妇人虔诚点香，度草露坐，俗叫坐夜”（《浙江风俗简志·温州篇》）。苏州一带，“晦日为地藏王生日，骈集于开元寺之殿，酬愿烧香。妇女有‘脱裙’之俗，裙以红纸为之，谓曾生产一次者，脱裙一次，则他生可免产厄。点肉身灯，为报娘恩。以纸锭笼纳寺库，为他生资，谓之寄库。昏时，比户点烛庭阶，谓之地藏灯”（《清嘉录》卷七）。文中所说“点肉身灯”，即是一些向地藏许愿、舍身赎罪者。他们上身裸露，两臂撑开，陷钩于肩，下悬香炉或点燃的油灯，以此为虔诚，向菩萨还愿，祈求赎罪。北方的地藏会也很热闹，如京城“都门寺庙，礼忏诵经，亦扎糊法船，中设地藏王佛及十地阎君绘像，更尽时施放焰口焚化。街巷遍燃香火莲灯于路旁，光明如昼”（《帝京岁时纪胜·地藏会》）。可见祭拜活动之隆重。不过最盛大的祭拜，还要数九华山的地藏朝拜节。届时，安徽、江西、浙江、江苏、河南、湖北等省千百里内的佛门信徒，都聚集到九华山，烧香拜佛，庆祝地藏诞辰，老百姓称之为“朝九华”。进香者“百十为群，夜则人持一灯，鱼贯而上，望之若烛龙然”（《芜湖县志》），祭拜地藏之风习，至今有的地方仍然流行。

除了民间的地藏信仰外，文人士大夫阶层对地藏菩萨也十分崇信。除上面提到的唐代诗人李白以外，宋代著名的文人“三苏”也十分突出，曾多次捐出家财，塑造地藏菩萨像，为父母追福。苏轼作《葬枯骨疏》，其中有“遵释迦之遗文，修地藏之本愿”的文句，表达了他对地藏特别的信仰。南宋时期的崔敦礼、宋元之际的黄公绍等人也是地藏菩萨的信仰者。明清时期，随着地藏诞日的出现以及九华山地藏道场的形成，使地藏信仰更深地融入中国社会。在地藏信仰方面，钱谦益是积极的倡导者之一。他尝作《地藏庵记》宣扬地藏菩萨在末法时代慈悲救苦的意义，劝谕人们信奉地藏。许多民间的地藏信仰活动也反映在文人的作品当中，如吴敬梓在《儒林外史》第四十一回中，生动地描绘了南京城七月的民众佛教活动，点灯烧香、热闹非凡，“倾城士女都出来烧香看会”。当然，也有一些文人从维护儒家传统社会的立场上，批评地藏诞日燃灯斗奇、靡费资财的现象，特别是“点肉身灯”以报母恩的愚妄无知（见金奉尧《烧灯叹》）。

地藏信仰兴起以后，特别是他与地狱世界建立起密切联系之后，地藏便成了中国幽冥文学中的一个重要形象。而由于《本愿经》的出现，地藏本生故事以及由此衍生出来的种种故事也较为广泛地出现于文学作品特别是民间文学作品之中。文言短篇小说中的地藏菩萨故事比较多，主要分为僧人撰集的地藏灵验记和文人创作的地藏故事。前者以宋代常谨编撰的《地藏菩萨像灵验记》最为著名，后者则散见于唐玄宗以后文人创作的笔记小说中。此外在各种戏剧和白话小说中涉及地藏菩萨的也很多，如在《西游记》中，地藏菩萨及其坐骑谛听都出现过。此外，在佛教所特有的文学形式宝卷（一种说唱文学作品）当中，地藏菩萨及其本生故事也是常见的题材之一。

三 《地藏菩萨本愿经》的主要思想

1. 本愿思想

所谓本愿，即菩萨在修行时期所发下的誓愿，将来成佛道时成就什么样的净土。“本”的涵义是因，有因必有果，有果必有因，对于佛果而言，菩萨的阶位称为因地，或称因位。“本”还有根的涵义。菩萨心胸广大，誓愿无量，但以此愿为根本，故曰本愿。本愿的特点不是今世发愿今世成就，而是经过生生世世的修行才能实现的愿望。一般来说，本愿又分总愿与别愿两种。总愿是一切佛、菩萨共同的本愿，即四弘誓愿：众生无边誓愿度，烦恼无尽誓愿断，法门无量誓愿学，佛道无上誓愿成。此四弘誓愿是菩萨所立，凡是大乘行者皆宜牢记和实践，可以简单概括为“上求菩提、下化众生”两句，是大乘佛教的根本精神。所谓别愿，即佛、菩萨由各自之意乐所立之誓愿。本经则是以地藏菩萨的别愿及其功德为主要宣说内容。

地藏菩萨以“众生度尽，方证菩提；地狱不空，誓不成佛”的大愿著称。他本已证入十地果位，功德与佛齐等，但是为了度化众生，他却不愿成佛，而是深入最黑暗污秽的罪恶深渊，不辞辛苦地去救济受苦受罪众生，为他们担荷难行苦行。这种不为自己利益而绝对利益他人的无量深远、不可思议的大悲愿力，不仅有其实际的功效，使众生能够缓解对死后在地狱继续受罪的深刻恐惧，得到救度的希望，更重要的在于它不愧为人心中最璀璨的善性光明的放射，蕴含着伟大的人格和淑世利人精神，对众生有着无穷的精神召唤力量。地藏菩萨发愿要穷尽未来的劫数而不仅仅是数日数月数年，此生或后生，去度尽那些罪苦众生，这足以显现他的誓愿的不可穷尽和无限无边。他发愿要度尽在六道中受苦的众生，尤其悲悯地狱中受苦最深的众生，但由于众生刚强难化，因蔓不断，罪恶不绝，地狱不会有空的时候，他的誓愿也就没有终结的一天，这更显示出他的悲愿的深重。地藏菩萨这种深沉、广大、无边的救度罪苦众生的誓愿，使他与众生有着大因缘，成为饱受苦痛的众生的精神寄托。众生正是因藉着地藏菩萨这宏深广大的愿力，极大地缓解了对死后在地狱继续受罪的深刻恐惧。经中借坚牢地神之口说：“如文殊、普贤、观音、弥勒，亦化百千身形，度于六道，其愿尚有毕竟。是地藏菩萨，教化六道一切众生，所发誓愿劫数，如千百亿恒河沙。”地藏菩萨救度众生的大愿在时间上没有始终，在空间上没有限制，是无穷无尽的，他以无量深远的宏愿而受到普遍的崇敬，这也是地藏菩萨以“愿”著称的根本原因。

本愿思想来源于佛菩萨的本生故事。各类本生故事主要宣扬菩萨修行佛法，难行能行、难忍能忍，以至于能够舍身布施。在般若类经典中，菩萨修行六波罗蜜，为的是征服内心的私欲，解脱一切痛苦与恐怖，同时由此功德立愿，在将来所建设的净土中，从一开始就没有痛苦、怖畏与不如意。本经有四处地方叙说了地藏菩萨的本生誓愿。在本经的第一品，地藏菩萨在过去身为大长者子时，为获得千福庄严的美好相貌，而立下誓愿说：我今尽未来际，不可计劫，为是罪苦六道众生，广设方便，尽令解脱，而我自身方成佛道。在同一品，地藏菩萨在过去不可思议阿僧祇劫时，为一婆罗门女子，她为了救度她的母亲出离地狱，而发起很大的誓愿：我愿穷尽未来的劫数，为那些罪有应得的众生，处处设立方便，让他们都能够获得解脱。在本经的第四品，地藏菩萨于过去久远劫时为一国的国王，他的国内的百姓大多作了许多恶业，于是发愿要度尽那些受苦受罪众生，使他们获得安乐，否则不愿成佛。在同一品，地藏菩萨于过去久远劫时为一名叫光目的女子，她为了救拔她堕于地狱的母亲，也发了很大的誓愿，要度脱一切罪苦众生，待众生通通成佛之后，然后自己方成正觉。

地藏菩萨所发誓愿不是空愿，以愿导行，以行山填愿海。地藏菩萨以其历劫的修行功德与宏深愿力，使听闻他的名号、瞻礼供养他的众生不堕于恶道中受苦，并使他们获得众多现世利益的功德。地藏菩萨的本愿功德在经中得到了反复的宣说。如本经第六品说，众生若能听闻地藏菩萨的名号，赞叹、瞻仰、礼拜地藏菩萨，用香花供养，或者用彩色描绘，土石胶漆、金银铜铁塑造地藏菩萨形像，那么这人就可以一百次地托生三十三天，永不堕入恶道。第十二品说，众生病重临命终时，若能“得闻地藏菩萨名，一声历耳根者，是诸众生，永不历三恶道苦”。第十一品说，众生能塑画乃至用金银铜铁等塑造地藏菩萨形像，并烧香供养、瞻礼赞叹，那么在众生所住之地，即可获得土地丰壤、家宅永安、所求遂意、现存益寿等十种利益。第十三品说，众生布施供养、赞叹瞻礼地藏菩萨形像以及读诵本经，众生即可得到天龙护念以至毕竟成佛等二十八种利益。地藏菩萨的功德特别注重于使众生不堕于恶道受苦，这既与他的要度尽受苦众生的誓愿内在地一致，也是其誓愿的具体展开，侧重于以切实的具体的救济方法去救度众生。本经特别阐说从众生平时、临终之时、命终之后乃至堕于恶道之时的救济方法。这些救济方法作为地藏菩萨救济众生的方便法门，更显示出地藏菩萨对众生慈悲情怀的深重。

了解了地藏菩萨的宏深愿力与救度众生的种种方便，这里仍然有两个问题需要搞清，否则人们即使有缘听闻到《地藏经》，见到地藏像，也不一定生起信心，并最终受益。第一个问题是，为什么仅仅称颂地藏菩萨名号，就能免除恶道之苦，获得大利，依照世俗的看法，这岂不是太容易了？有了这样的心理与先入之见，就容易使人对地藏信仰，乃至整个佛教产生疑惑。事实上，佛教的持名法门背后是有着深刻的义理的。佛菩萨的名号不是随意而来，显明体者为名，表德者为称，名与称彰于外而号令天下者，称为号。名号可表显诸佛菩萨之真如体性，及其广大圆满之功德，除此以外，名号系从诸佛菩萨而来，以名体不离故，所以诸佛之名号，即等同诸佛之法体。这也就是说，地藏菩萨之名号，其中内涵了地藏菩萨累劫修行果德，是地藏菩萨功德威神之力的浓缩。地藏菩萨果德的究竟处就体现在救度众生的方便，太虚大师曾解释说："须知方便之义，全在利益众生，故可称为大乘之究竟。"只有针对众生的根性，以最善巧当机的方法使他们得度，才是佛果功德的最高价值所在，因此这才有了地藏菩萨持名得度的方便法门。名由德成，名具万德，众生持名之际，地藏菩萨之功德乃入众生心中。持名得度的简易性来源于地藏菩萨救度众生的需要，而绝非以"无本万利"来吸引信众。

第二个问题是，地藏菩萨的愿力是如此宏深，连无间地狱的众生亦不舍不弃，但这是否意味着众生平日只管造罪，待受苦时只要仰仗他的愿力就可自然地获救呢？如果这样认为的话，就走入了另一个极端。地藏菩萨的功德一方面是由于地藏菩萨的愿力而成，但另一方面，众生只有听闻地藏菩萨的名字，或是瞻礼供养地藏菩萨像等等，才能不堕于恶趣以及获取现世的许多利益。可见，众生是否得度最终取决于地藏菩萨的愿力，而所谓的瞻礼供养，并不是众生得度的筹码，而是众生对地藏菩萨誓愿所生起的信心的表现。藉由称念名号、礼拜供养等善行，能够开启众生的善根与内在的觉悟，最终走上佛法正道，这样才能永断地狱种子，出离生死轮回。正如经中在说到“得生人天，享胜妙乐”的同时，往往更强调“多遇圣因，毕竟成佛”。

2. 孝的思想

《地藏菩萨本愿经》和《盂兰盆经》、《佛说孝子经》、《佛说睒子经》等经一样，是佛教中的一部孝经。清代灵耀说：“《地藏菩萨本愿经》者乃我佛所说之孝经也。”近人丁福保在其所编《佛学大辞典》中，在解释《地藏菩萨本愿经》条目时，也把它称作佛门中之孝经。这首先是因为本经是一部因释迦牟尼佛的孝思和孝行而得以成立的经典。本经一开始就说：“如是我闻：一时佛在忉利天，为母说法。”可见，这部经的缘起就是释迦牟尼佛为超度他的母亲摩耶夫人，而升到忉利天上所说。释迦牟尼佛的母亲在生下他七天之后就离开了人世，因是佛母的功德，受生到忉利天宫享受天福。释迦牟尼佛在即将涅槃之际，因为思念他的母亲，故特地上升到忉利天宫，专门为他的母亲说法，以报生身之恩。

在本经中，释迦牟尼佛着力宣说了地藏菩萨在因位时至诚的孝行。本经的第一品中就说到，地藏菩萨过去无量阿僧祇劫时为婆罗门女，她先是广设种种方便法门，苦口婆心地劝令诱导她那深信邪魔外道、轻慢三宝的母亲能够皈依佛法。不久她的母亲死了，因为自己所作的恶业而堕入地狱受到苦报。这时，婆罗门女心中悲切已极，日夜思念在恶道里受苦的母亲，想尽一切办法加以救度。她不惜一切财产，买来最好的香花、最上等的供具为其母设供修福，见佛像则恭敬礼拜，一心称念佛的名号。最后因她至诚的孝行，终于使她的母亲得以脱离地狱，受生到天上享受快乐。在本经的第四品中，地藏菩萨过去为光目女时，她的母亲因生前喜吃鱼子而犯极重的杀生之罪，堕落于地狱之中。光目女为此志心哀救，一心念佛，恭敬供养，以这种诚孝的力量，不但拔救她的母亲出离地狱，而且使其母归信正法，也成为菩萨。地藏菩萨这种重视超度救济父母、孝顺父母的孝行，与特重孝道的中国传统文化十分契合，成为出家及在家众在超荐祖先、亲属时，所最常依怙的一位大菩萨，而本经则成为佛教徒及普通民众在超荐父母时，所最常念诵的经文典籍之一。此外，本经还把不孝乃至杀害父母，认定为最重的，与杀阿罗汉、伤害佛身一样的无间罪业之一，犯这种罪业的众生只能在地狱中永远受苦，而没有出离地狱的任何指望，如《观众生业缘品》中说“若有众生，不孝父母，或至杀害，当堕无间地狱。千万亿劫，求出无期”。由此也不难看出本经对孝顺父母的特别推重。

这里有必要谈一下佛教所说的“孝”的含义及其影响。作为一种异质文化在一国的再生的过程，佛教在中土的传播必然与中土稳健醇厚的伦常观念发生冲突与融合。“孝亲”一直是佛法与儒家名教诤论的焦点之一。一个出世型的宗教要与一个注重人伦的文化传统直接融合并非易事，削发为僧、谢世高隐、离家背亲与立身行道、忠君孝亲、齐家治国的伦理法则一时很难相互融通。因此，佛法要在中国生长流布，必然地要面临并解决“孝亲”观这一现实问题。从历史上看，佛教进入中土后，在解决“孝”的问题上，主要通过三种手段以寻求佛教与中土伦理传统的契合。第一，寻找佛经中的“孝”论，以证明佛家本来就讲孝；第二，所谓的“疑伪经”对孝的重墨渲染；第三，从理论上直接辩护与宣传。《地藏本愿经》就是一部集中了上述三点的典型经典。

需要说明的是，《地藏经》作为佛门的孝经，它提倡孝道，但在孝的内容上则与中国传统的儒家纲常有着明显的不同。中国传统孝道重在现世对父母的孝顺与敬爱，尽管与中国传统孝道一样，佛教也强调要孝顺父母，但本经的孝着重于对父母的来世救度。一方面指在父母死后，为父母超度亡灵，为他们的来世修造冥福；另一方面，孝的最高境界是使父母与佛法三宝结缘，永断生死，同证菩提。中国传统孝道立足于血缘的情感基础和现实的情感关怀，即使它也强调父母死后的守孝或对祖宗的祭祀，但均是一种现实情感关怀的延伸与放大。佛教所说的孝并不仅仅以现实的情感关怀为内容，而是立足于天下父母与子女生生不息的生命流程，以上行下效的“效（即效法之意）”最为“孝”的本质，说明“孝”是维系个体存在和父子伦理关系之本，不但有物质之“养”，还包含了精神之“爱”，体现了在父母死后乃至在生生死死的过程中与父母的纯粹的精神联系，以及对他们存在状态的至诚关切。

在佛教进入中土之初，面对孝亲问题上“不孝”的挑战与责难，佛家多以“方内方外”、“在家出家”、“大孝小孝”之分别予以强辩与回应。而在日后的发展过程中，佛教逐渐吸纳儒家的孝亲伦常，并从佛教立场上加以阐释与宣扬。后来，随着佛教中国化进程的不断深入，佛教的孝亲观与儒家伦理日益接近，形成以佛言孝、助世行孝的统一，并形成了戒孝一致、孝顺念佛等佛教独特的孝亲观。从《地藏菩萨本愿经》的产生、流行的过程，可以看到，孝亲观的形成与弘扬，既增加了佛教弘道济世、敦风化俗的大乘伦理理想的可行性，又赋予了中土传统伦理以信仰的力量，强化了其扶世助化的现实功能。

3. 因果报应

《地藏菩萨本愿经》完全着重因果报应，是一部以因果报应为宗趣，要人深信因果，改恶向善的经典。它主要通过述说具体的因果报应而对因果报应思想加以突出阐扬。

本经的第一、三、四、六品着力宣扬作了恶业所受的果报。在本经的第一品和第四品，释迦牟尼佛叙说了地藏菩萨前生为婆罗门女和光目女时，她们的母亲由于各自犯了诋毁三宝、偏信外道和杀生的罪业，而受到死后堕落地狱受极大苦的恶报。在本经的第三品，地藏菩萨告诉佛母摩耶夫人说，众生犯了不孝乃至杀害父母、伤害佛身、毁谤三宝等等极重的罪业，必受堕于永无休止的无间地狱受苦的果报。本经的第六品则说，若有众生犯了对别人归敬、供养地藏菩萨加以讥毁的罪业，那么，“如是之人，贤劫千佛灭度，讥毁之报，尚在阿鼻地狱，受极重罪。过是劫已，方受饿鬼。又经千劫，复受畜生。又经千劫，方得人身。纵受人身，贫穷下贱，诸根不具，多被恶业来结其心，不久之间，复堕恶道”。众生永远在六道中轮回受到苦报。而最为详细地述说因果报应的，还是在本经的第四品，“若遇杀生者，说宿殃短命报。若遇窃盗者，说贫穷苦楚报。若遇邪淫者，说雀鸽鸳鸯报……”，释迦牟尼佛为四天王详细解说了每一种罪业所要招感的相应恶报。

本经的第六至第十三品则反复宣说作了善业所受的果报。与广泛地细说恶有恶报稍有不同，本经在讲述善有善报时，并没有列举不同的善业获得的具体的善报。本经所说的善业，主要指与佛法有关的善业，例如听闻诸佛菩萨的名号、瞻礼供养诸佛菩萨像，或是修补塔寺、装理经典、诵读经典等等。而由此善业所获得的善报，也主要集中在以下两类：一是由此善业众生将不堕落于恶道，上天享受快乐：二是将获得土地丰壤、衣食丰足、现存益寿、端正相好等等现世利益。总之，“舍一得万报”，众生哪怕做了只有毛发沙尘那么渺小的善业，也将获得在成百上千生中，享受人天妙乐的果报。《地藏菩萨本愿经》将具体的恶业所受的恶报、善业所受的善报告知众生，这无疑使因果报应的观念更容易为众生所接受，具有劝众生弃恶从善的道德教化作用。当众生被告知，如果造了讥毁谤讪他人的恶业，将来要受到变成哑巴或者口里生烂疮的报应；如果造了网捕鱼禽的恶业，将来自己也要遭受骨肉分离；而如果做了善业，哪怕细小如微尘，也将得到成千上万的回报，这显然有助于众生确立和巩固从善的信心和积极性。

本经强调善恶业果自作自受的性质。也就是说作业者自己的行为所引发的将来的果报也是自己承受，别人是不能代替的。第五品中说，众生即使做了很小的恶业，也“死后有报，纤毫受之。父子至亲，岐路各别，纵然相逢，无肯代受”。第七品中说，众生“各据本业，自受恶趣”。众生自作只能自受，自作善恶自受苦乐。而众生只要听闻地藏菩萨名号，瞻礼供养地藏菩萨像，即能使自己不堕于恶道，获得现世许多利益。可见，佛教的因果报应思想除了善有善报、恶有恶报外，更重要的还在于它主张因果报应是自报，强调自作自受，自作善恶自受苦乐，把行为的承担者归于行为者自身。这里的自作，表明人有选择行为的自由，肯定人有自由意志：这里的自受，强调的是人必须而且只能对自己的行为负责。因此，如果说善有善报、恶有恶报还仅仅是从善恶报应的结果使人对自己的行为加以约束，那么，自作自受则深入到了行为主体的意志层次，要人在行为之前就对行为作出选择，进行自我把握，从而把造恶作业的行为消灭在酝酿萌芽状态。自作自受，究其主旨来说，正是在于鼓励人发挥主观能动性，做自己的主人，择善去恶，行善积德，从而提高精神境界和生命层次。

中国自古以来也有着自己的因果报应思想。如《周易》就有“积善之家，必有余庆，积不善之家，必有余殃”的说法。曾子言:“人之为善，福虽未至，去祸远矣；人之为恶，祸虽未至，去福远矣。”在民间，则有更多关于福祸报应的迷信传说。中国传统文化的报应理论无法回避的一个矛盾是理论与现实的巨大反差，如贤而贫夭、恶而寿考，积善得殃、凶邪致庆或者贤君能人反有不肖愚痴之后等问题。中国原有的报应说与佛教的因果说一个本质区别在于，中国原有的善恶报应是由上天鬼神的赏善罚恶来实现的，报应的主体不一定是行为者本人，可能是他的家庭子孙。而佛教的因果报应是业报、自报，善恶报应都是由自己的业力所感召，自作善恶自受苦乐。所谓“种瓜得瓜，种豆得豆”，严格地说来，其中并无一个恒常不变的报应主体或灵魂。

作为佛教伦理的理论基础的因果报应说，一经传入中土便与中土的“积善余庆”、“积恶余殃”思想相合拍。它既从报应的结果对人的行为加以约束，要人改恶从善：又从行为主体的角度，对人应自觉地择善去恶加以强调，不但使善恶果报理论更能自圆其说，加强对民众伦理生活的约束，而且大大丰富了中土的善恶报应思想，对现代人反省和指导自己的行为也有着重要的借鉴意义。

4. 地狱思想

佛教的传入，对中国文化的影响是多方面的，其中有关天堂地狱的观念对中国社会的影响尤巨。中国本土文化当中并没有“地狱”一词，而佛教中严格意义上的“地狱”指的是六道之一，并不涵盖饿鬼、畜生两道。地藏信仰兴起与发展的隋唐时代，同时也是中国人有关幽冥世界的固有想象与佛教相关内容充分融合并最终定型的时期。在中国佛教中，地藏菩萨以“幽冥教主”的身份而为一般民众所信奉，他既是幽冥世界的救赎者，也是其中的主宰者。

《地藏菩萨本愿经》极其具体细致地展示了犯罪作恶的众生受到苦报最深的场所——地狱的种种恐怖的相状。其主要内容见于本经的第三品和第五品。第五品中说，各种地狱都在众生居住的阎浮提世界东方的大铁围山之内。其中有大地狱十八所，次一等的有五百所，再次一等的有成千上万，不计其数。它们的名称根据地狱的构成或所受的酷刑而来，有飞刀地狱、火箭地狱、夹山地狱、通枪地狱等等，堕入地狱的罪人在地狱受苦的情景惨不忍睹，剥皮挖心、烧脚抱柱，不一而足。在众多的地狱中，最为阴森恐怖的是无间地狱。犯了杀害父母、伤害佛身等五无间罪的罪人就会进入此地，日夜受罪，没有间断的时候。罪人的痛苦连绵不断，无有穷尽，罪人所受的痛苦难以言说，种种苦楚使罪人欲生不得，欲死不能。除非业报已尽，否则永无出离地狱的任何指望。

《地藏菩萨本愿经》对地狱恐怖相状的揭露，对众生具有强烈的警醒、震慑作用，从而具有使他们改恶向善的伦理教化意义。据《佛祖统纪》卷四十载，唐代名画家吴道子在京城景公寺壁上绘出地狱图相，淋漓尽致地描绘了地狱群相，长安观者都惧罪修善，竟使当时的渔夫屠户无法维持生计，而改行换业。地狱观念、地狱相状影响人心之巨，由此可见一斑。而更重要的是，《地藏菩萨本愿经》在因果报应的基础上将地狱和众生的恶业联系起来，认为地狱是“行恶众生，业感如是”，也就是说，地狱并不是早已预备现成的，而是由于众生所造的罪业感召而成的。地狱的存在就是人类恶行的存在，因此，地狱不是在我们的世界以外，而是就在这个世界，就在众生的心内，是众生造作恶业而感召的身心痛苦。正如日本佛教学者池田大作在《展望二十一世纪》中所说：“‘地狱’就是受生命原有的魔性的冲动所支配，处于痛苦最深的状态。”地狱作为一种沉沦堕落的生命存在状态，为人类提供了一面反观自身阴暗面的镜子。在这面镜子当中，人类看到了内心的丑恶，意识到了为贪欲、嗔恨、愚痴三毒所缠绕的无边痛苦。这种对痛苦与丑恶的经验与感受，这种对人的沉沦、堕落的生命状态的自我反省，恰恰是理解和真正进入生命的本质所必需的。

本经对地狱特别是无间地狱的细致描述，也是与地藏菩萨的宏大誓愿联系在一起的。一方面，经中对地狱苦报的种种触目惊心的描写，无疑有助于众生对恶有恶报的思想有一个更为具体直观的感受，从而反观自身、自我约束、弃恶从善；另一方面，正是由于地狱的痛苦万状和阴惨恐怖，才使人们明白地藏菩萨的誓愿是多么的伟大，在这样黑暗污秽的罪恶深坑，不辞辛苦地从事度化罪苦众生的工作，这进一步凸显出地藏菩萨“地狱不空，誓不成佛”誓愿之力的不可思议。

值得一提的是，地狱思想总是与净土思想结伴而生的。地狱的黑暗与痛苦使人们更加向往净土的光明与幸福。这也是历史上宣扬地狱思想最积极的往往是净宗大师的原因。唐代净土信仰之集大成者善导大师在《净土法事赞》卷上，大谈地狱之苦。他认为，一切凡夫，旷劫以来都曾造作无量无边罪恶，凡夫临死之际，只有两条路：一条通向地狱，一条通向极乐世界。闻地狱之苦，心惊毛竖，才能“誓愿顿舍世间荣，普愿同心生净土”。善导之后，净土教中大大增加了地狱诸苦的宣传，与净土之乐的宣传紧密结合，促进了净土教的流行。净土宗九祖蕅益智旭曾长期居住在九华山，自称“地藏之孤臣”，尽形勤礼《地藏忏仪》，常持《地藏真言》，以忏除业障，求生极乐。近代高僧弘一大师，严持戒律，归心净土，对地藏菩萨与《地藏经》十分推崇。他说“净土之于地藏，自昔以来，因缘最深”（《普劝净宗道侣兼持地藏经》），修持念佛法门者，必先如《地藏经》所说，深信因果，诸恶莫作，众善奉行，孝亲报恩，然后方可仗佛慈力，带业往生。可见，地藏信仰与作为中国佛教主流之一的净土信仰已经紧密结合在一起，成为往生净土的有力助行。

许颖

2016 年 1 月

卷上

忉利天宫神通品第一

本品首先交代了释迦牟尼佛讲述地藏菩萨本愿经的时间、地点、缘起、对象。释迦牟尼佛在忉利天为母说法，十方诸佛菩萨皆来集会赞叹，十方天龙鬼神亦来集会，如来含笑，放大光明，出微妙音。继而，佛陀为号称智慧第一的文殊菩萨讲说了地藏菩萨发愿救度众生的宿世往因。地藏菩萨一世曾为大长者子，一世曾为婆罗门女，分别以不同的因缘于狮子奋迅具足万行如来及觉华定自在王如来前发愿，“尽未来际，不可计劫，为是罪苦六道众生，广设方便，尽令解脱，而我自身方成佛道”，因此，虽经百千亿劫，如今尚为菩萨。佛告诉文殊菩萨，今来集会忉利天者，无量无数，皆是地藏菩萨久远劫来，已度，当度，未度，已成就，当成就，未成就，地藏菩萨之威神誓愿，不可思议。

品：梵文 Varga，音译跋渠，品类之义，聚类同者为一段。又有品别之义，彼此章段，义理差别，故名品。佛经当中，一品表示一个段落，与“章”同义。

如是我闻[①]。一时佛在忉利天[②]，为母说法。尔时十方无量世界[③]，不可说不可说一切诸佛，及大菩萨摩诃萨[④]，皆来集会。赞叹释迦牟尼佛，能于五浊恶世[⑤]，现不可思议大智慧神通之力[⑥]，调伏刚强众生，知苦乐法。各遣侍者，问讯世尊[⑦]。

是时如来含笑[⑧]，放百千万亿大光明云，所谓大圆满光明云、大慈悲光明云[⑨]、大智慧光明云、大般若光明云[⑩]、大三昧光明云[⑪]、大吉祥光明云、大福德光明云、大功德光明云、大归依光明云、大赞叹光明云。放如是等不可说光明云已，又出种种微妙之音，所谓檀波罗蜜音[⑫]、尸波罗蜜音[⑬]、羼提波罗蜜音[⑭]、毗离耶波罗蜜音[⑮]、禅波罗蜜音[⑯]、般若波罗蜜音、慈悲音、喜舍音[⑰]、解脱音、无漏音[⑱]、智慧音、大智慧音、狮子吼音[⑲]、大狮子吼音[⑳]、云雷音、大云雷音[㉑]。出如是等不可说不可说音已，娑婆世界[㉒]，及他方国土，有无量亿天龙鬼神，亦集到忉利天宫，所谓四天王天[㉓]、忉利天、须焰摩天[㉔]、兜率陀天[㉕]、化乐天[㉖]、他化自在天[㉗]、梵众天[㉘]、梵辅天[㉙]、大梵天[㉚]、少光天[㉛]、无量光天[㉜]、光音天[㉝]、少净天[㉞]、无量净天[㉟]、遍净天[㊱]、福生天[㊲]、福爱天[㊳]、广果天[㊴]、无想天[㊵]、无烦天[㊶]、无热天[㊷]、善见天[㊸]、善现天[㊹]、色究竟天[㊺]、摩醯首罗天[㊻]，乃至非想非非想处天[㊼]，一切天众、龙众、鬼神等众，悉来集会。复有他方国土，及娑婆世界，海神、江神、河神、树神、山神、地神、川泽神、苗稼神、昼神、夜神、空神、天神、饮食神、草木神，如是等神，皆来集会。复有他方国土，及娑婆世界，诸大鬼王，所谓恶目鬼王[48]、啖血鬼王[49]、啖精气鬼王[50]、啖胎卵鬼王[51]、行病鬼王[52]、摄毒鬼王[53]、慈心鬼王[54]、福利鬼王[55]、大爱敬鬼王[56]，如是等鬼王，皆来集会。

【注释】

①如是我闻：为佛教经典固定的开篇用语，又作“我闻如是”、“闻如是”。据经典记载：释迦牟尼佛于入灭之际，嘱托多闻第一的阿难，在将其一生言教整理为经藏时，须于卷首加“如是我闻”一语，以与外道经典有所区别。“如是”，指经中所叙佛陀之言行举止；“我闻”，即经藏结集者阿难自言听闻佛陀之言行。又，“如是”意为信顺自己所闻之法；“我闻”则为坚持其信之人。此即信成就、闻成就，又作证信序。

②一时：指说法的时间，亦即法会开始至法会圆满结束之某时，系经典序文六种成就之一，可径直理解为往昔某一个时候。佛：佛陀的简称。佛陀，梵文 Buddha 的音译，意为觉者。觉有三义，即自觉、觉他、觉行圆满。三项俱全者，方名为佛。在佛教创立的最初阶段，“佛”仅限于对释迦牟尼的尊称，后来则除了指释迦牟尼之外，也泛指一切觉悟成道、觉行圆满者。此处专指释迦牟尼佛。忉利

天：梵文 Trāyastrimsa，音译怛唎耶怛唎舍，亦称作三十三天。根据佛教的宇宙观，此天位居欲界第二天之须弥山顶，四面各为八万由旬，山顶四隅各有一峰，高五百由旬，由金刚手药叉神守护。中央之宫殿（善见城）为帝释天所居住，城外周围有四苑，是诸天众游乐之处。城之东北有圆生树，花开妙香薰远，城之西南有善法堂，诸天众群聚于此，评论法理。四方各有八城，加中央一城，合为三十三天城。据《正法念经》卷二十五载，佛母摩耶夫人命终后升入此天，佛成道后乃至忉利天为母说法三个月。

③十方：为四方、四维、上下之总称，即东、西、南、北、东南、西南、东北、西北、上、下。佛教主张十方有无数世界及净土，称为十方世界、十方法界、十方净土、十方刹等。其中之诸佛及众生，则称为十方诸佛、十方众生。世界：佛教以东西南北、上下等空间观为“界”，以过去、现在、未来等时间观为“世”，合起来称为“世界”。

④菩萨摩诃萨：乃菩提萨埵与摩诃萨埵之简称。菩萨，梵文 Bodhi-sattva，意译作道众生、觉有情、道心众生等。菩提，觉、智、道之意；萨埵，众生、有情之意，菩萨，即指以智上求无上菩提，以悲下化众生，修诸波罗蜜行，于未来成就佛果之修行者。摩诃萨，梵文 Mahasattva，摩诃汉译为大，摩诃萨埵即大有情、大众生，谓此大众生愿大、行大、度众

生大，于世间诸众生中为最上，不退其大心，故称摩诃萨埵。

⑤五浊：在恶世、末世中出现的五种污浊。即劫浊，整个世界灾难不断；见浊，众生持邪恶见解；烦恼浊，众生具有贪、嗔、痴等烦恼；众生浊，众生的果报衰竭，心智迟钝，身体羸弱，苦不堪言；命浊，众生的寿命次第缩减，最后只有十岁。

⑥神通：又作神通力。即依修禅定而得的无碍自在、超人间的、不可思议的能力和妙用。一般谓神通有六种：（一）神足通，又称神境智证通、身如意通、神境通、如意通、身通，即身能飞天入地，出入三界，变化自在的作用；（二）天眼通：又称天眼智证通、天眼智通，即能见一切事物的作用；（三）天耳通：又称天耳智证通、天耳智通，即能听闻一切声音的作用；（四）他心通：又称他心智证通、知他心通，即能洞悉他人思想的作用；（五）宿命通：又称宿住随念智证通、宿住智通、识宿命通，即能知前世事迹的作用；（六）漏尽通：又称漏尽智证通，即能断一切烦恼惑业，永远脱离生死轮回的作用。此中，前五通系依禅定而生起，故外道、声闻、缘觉及菩萨皆可得之；漏尽通，则仅有达小乘之无学位（阿罗汉）、大乘之等觉位者始能获得。神通虽然是禅定达到一定层次的自然显现，是说明修行境界的一种指标，但佛陀并不强调这种力量，而是强调靠智慧来开悟，随意显示神通甚至为菩萨戒律所

禁止。

⑦世尊：梵文 Bhagavat，音译为薄伽梵，佛的尊称，意思是为世间所尊敬的人。

⑧如来：梵文 Tathāgata，佛的十种德号之一，意思是乘如实道，从因来果而成正觉，通俗地说，即已经觉悟的人。如来之涵义又分如来、如去两种：若作如去解，有乘真如之道，而往于佛果涅槃之义；若作如来解，则为由如实道而来，垂化三界。在佛教当中，如来为诸佛之通号。

⑨慈悲：慈，梵语 Maitrya，悲，梵语 Karuṇa。慈爱众生并给与快乐（与乐），称为慈；同感其苦，怜悯众生，并拔除其苦（拔苦），称为悲；二者合称为慈悲。

⑩般若：梵文 Prajñā 的音译，智慧之意。特别指观照空理的智慧，这不是一般的知解，而是一种觉悟的慧观，所观的不是在相对格局下的对象，而是诸法缘起，因而是空无自性、空无所得的理境，即是绝对的真理。

⑪三昧：梵文、巴利语 Samādhi 的音译，又音译作三昧定、三摩地。定的异名，汉译作等持，即将心定于一处（或一境）的一种安定状态。行者住于三摩地，观想凝照，智慧明朗，即能断除一切烦恼而证得真理。

⑫檀：梵文、巴利语 Dāna，又译作檀那，布施、施舍之义，六度中的施度，即以慈悲心而施福利与人

之义。佛教中的施有三种：（一）财施，即以财物去救济疾病贫苦的人；（二）法施，即以正法去劝人修善断恶；（三）无畏施，即不顾虑自己的安危去解除别人的怖畏。波罗蜜：梵文、巴利语 Pāramitā 的音译，意译到彼岸、度无极、度。其本意为完全、绝对圆满，指修行的完成，但一般作菩萨的修行解。它包括：布施（檀那）、持戒（尸罗）、忍辱（羼提）、精进（毗离耶）、禅定（禅那）、智慧（般若），总称六波罗蜜。

⑬尸：指尸罗，梵文 Sīla 的音译，即持戒。意思是制止恶行不为，遇到善事恭敬去做。尸罗波罗蜜为六波罗蜜即六度之一。

⑭羼（chàn）提：梵文 Ksanti 的音译，即令心安稳，堪忍外在之侮辱、恼害等，亦即凡加诸身心之苦恼、苦痛，皆堪忍之，而不忿怒、不结怨、不怀恶意。

⑮毗（pí）离耶：梵文 Virya 的音译，汉译为精进。精进有身精进、心精进。身精进是昼夜六时诵经拜忏礼佛；心精进即昼夜六时，念兹在兹，一心忆念佛法而不忘失。

⑯禅：梵文 Dhyāna 的音译，意译作静虑、止他想、系念专注一境、正审思虑、思惟修等，寂静审虑之意，指将心专注于某一对象，极寂静以详密思惟之定慧均等的状态。禅为大乘、小乘、外道、凡夫所共修，然其目的及思惟对象则各异。

⑰喜舍：指四无量心（慈、悲、喜、舍）中之第三喜

无量心、第四舍无量心。思惟无量之众生离苦得乐，而入于喜，称为喜无量心；思惟自己对于无量之众生，无爱亦无憎，而入于舍，称为舍无量心。又欢喜供养三宝而施给金钱、物品等，也称作喜舍。

⑱无漏：漏，为漏泄、漏落之意，乃烦恼之异名。烦恼能令人落入三恶道，故称有烦恼之法为有漏；称离烦恼垢染之清净法为无漏，如涅槃、菩提等。

⑲狮子吼：狮子乃众兽之王，譬喻佛说法，一切外道皆远避之。

⑳大狮子吼：喻佛说大乘法门，令闻者振作无畏，勇猛精进发大菩提心。

㉑云雷音、大云雷音：譬喻佛身像云，佛说法像雨，佛的音像雷一样能够远震，使众生听了雷音，猛然警悟，生欢喜心。

㉒娑婆世界：娑婆，梵文 Sahā 之音译，亦译为沙诃、娑诃楼陀，意为堪忍、忍土。谓此界众生安忍于十恶而不肯出离，故名为忍。又诸佛菩萨行利乐时，堪受诸苦恼，表其无畏与慈悲，故名。又此界众生有贪、嗔、痴等烦恼，相互忍受，故名。佛教常以此为三千大世界之名，实即指释迦牟尼进行教化的现实世界。

㉓四天王天：是欲界六天中之第一天，在须弥山腰。东边是持国天，南边是增长天，西边是广目天，北边是多闻天。以人间五十岁为一昼夜，定寿五百岁。

㉔须焰摩天：又作夜摩天，欲界六天之第三天，意译为善时分。此界光明赫奕，无昼夜之分，居于其中时时享受不可思议之欢乐，以人间二百岁为一昼夜，定寿两千岁。

㉕兜率陀天：又作兜率天，意译知足天、妙足天，乃欲界六天中之第四天。此天有内、外二院，兜率内院乃补处菩萨之居处，现在则有弥勒菩萨在其中说法。此中的天人寿命为四千岁，其一昼夜，相当于人寿的四百年。

㉖化乐天：又称化自在天，为欲界六天之第五天，能自己造妙乐的境地而自得其乐，以人间八百岁为一昼夜，定寿八千岁。

㉗他化自在天：又作他化乐天。此天假他所化之乐事以成己乐，故称。其主名自在天王，乃欲界之主，以人间一千六百岁为一昼夜，定寿一万六千岁。

㉘梵众天：色界的初禅三天之第一天。梵，清净无欲的意思，梵众，谓此天的众生清净无染欲，乃初禅天主之民众。

㉙梵辅天：色界的初禅三天之第二天，为大梵天的辅臣。

㉚大梵天：色界初禅天之天主，梵名尸弃。大梵天在印度婆罗门教中，是这世界的造物主，也是婆罗门教最推尊的主神，但在佛教里，则被视为佛教的护法神。从佛教的“三界”（欲界、色界、无色界）世界观来看，帝释天生活在欲界，而大梵天则在色界。

色界众生与欲界众生有显著的不同，他们没有淫欲与食欲，但具有净妙形质，且都在禅定境界中。

㉛少光天：色界第二禅天之第一天。此天于二禅天中光明最少，故名。

㉜无量光天：色界第二禅天之第二天。此天光明增胜，无有限量，故名。

㉝光音天：色界第二禅天之第三天。此界众生无有音声，以定心所发之光明为语音。

㉞少净天：色界第三禅天之第一天。意识受净妙之乐，故名净；第三禅天之中，此天所受净妙之乐最少，故名少净。

㉟无量净天：色界第三禅天之第二天。此天意地之乐受，于此转增，胜于少净天，难以量测，故名。

㊱遍净天：色界第三禅天之第三天。谓此天乐受最胜，其净周遍，故名。

㊲福生天：色界十八天之一。修胜福力的菩萨，方才可以生到这重天上。

㊳福爱天：色界十八天之一。此天已舍苦乐之心与定心圆融一体，生清净胜解之力，所得之福，受用无穷。

㊴广果天：色界十八天之一。谓此天之果报广大，无有胜之者。

㊵无想天：色界十八天之一。修习无想定而达到的境界。生此天者，念想灭尽，仅存色身及不相应行蕴，故称。

㊶无烦天：色界十八天之一。此天离欲界之苦与色界之乐，而无烦恼，故名。

㊷无热天：色界十八天之一。此天已除杂修静虑之上中品诸障，意乐调柔，离诸热恼，故名。

㊸善见天：色界十八天之一。此天以定力殊胜而所见清澈，故称善见。

㊹善现天：色界十八天之一。此天天众已得上品之杂修静虑，果德易彰，故名。

㊺色究竟天：色界十八天之一。此天乃修最上品四禅者所生之处，其果报于有色界中为最胜，故名。

㊻摩醯（xī）首罗天：乃大自在天之梵文音译。其主为色界之吏，名自在天王，住在第四禅天，形像通常为八臂三目，手执白拂，乘白牛。此天原为婆罗门教之主神湿婆，与毗湿奴同居梵天之下，后来成为三者同位。在印度教中，大自在天被视为世界最高位的神，是宇宙世界的创造者。此神被吸收入佛教后，成为居住在色究竟天的圣者，在大乘佛教中，更被视为是位居法云地的圣者。

㊼非想非非想处天：又作非非想天，此乃无色界之第四天。此天位于三界九地之顶上，故称有顶天，非想非非想乃就此天之禅定而称之。此天之定心，至极静妙，已无粗想，故称非想；尚有细想，故称非非想。

㊽恶目鬼王：这种鬼王的眼睛非常可怕，有青色、红色、白色，又大又凶，令人一见毛骨悚然。

㊾啖血鬼王：这种鬼王专门吸人的血，多数住在屠杀的刑场中。

㊿啖精气鬼王：这种鬼王专门吃人及五谷之精气。

51啖胎卵鬼王：这种鬼王专门吃人胎和各种蛋类，不是整个吞下，而只吸其气而已。

52行病鬼王：若谁应该受报生病，行病鬼王就到他那里去撒些病菌，那人就会得病。

53摄毒鬼王：这个鬼王能把一切毒气毒物收摄，以免各种瘟疫毒症，伤害众生。

54慈心鬼王：这个鬼王，虽然长得很丑陋，但是他心肠很慈悲，特别爱护小孩。

55福利鬼王：这个鬼王虽然头大肚大，像个大头怪，但是常常福利人们。

56大爱敬鬼王：他对一切人都爱护与尊敬。

【译文】

这部经是我（阿难）亲闻佛陀这样宣说的：

一时，释迦牟尼佛为报母生育之恩，知道母亲已生在忉利天，就上升到忉利天专门为母亲说法。当时，十方无数世界，有不可说、不可说一切诸佛及大菩萨摩诃萨，听说释迦牟尼佛到忉利天为母说法，都来随喜参加这个法会。法会中，无量诸佛及大菩萨摩诃萨同声赞叹释迦牟尼佛，能够在娑婆世界的五浊恶世里，现种种不可思议大智慧神通之力，调伏刚强众生，使他们明了离苦得乐的佛法。诸佛及大菩萨摩诃萨，都分别派遣侍者来向世尊致敬。

这时，释迦牟尼佛慈悲含笑，放出百千万亿大光明云，分别是大圆满光明云、大慈悲光明云、大智慧光明云、大般若光明云、大三昧光明云、大吉祥光明云、大福德光明云、大功德光明云、大归依光明云、大赞叹光明云。呈现如此不可胜数的光明云以后，又出种种微妙的声音，分别是布施波罗蜜音、持戒波罗蜜音、忍辱波罗蜜音、精进波罗蜜音、禅定波罗蜜音、般若波罗蜜音、慈悲音、喜舍音、解脱音、无漏音、智慧音、大智慧音、狮子吼音、大狮子吼音、云雷音、大云雷音。发出如此不可胜数的声音之后，娑婆世界及他方世界种种国土，有无量亿的天龙鬼神，也集合到这忉利天宫，他们是四天王天、忉利天、须焰摩天、兜率陀天、化乐天、他化自在天、梵众天、梵辅天、大梵天、少光天、无量光天、光音天、少净天、无量净天、遍净天、福生天、福爱天、广果天、无想天、无烦天、无热天、善见天、善现天、色究竟天、摩醯首罗天，直到非想非非想处天，一切天众、龙众、鬼神等众，都来集会。另外，还有其他世界及娑婆世界上的各种神祇亦来集会，包括海神、江神、河神、树神、山神、地神、川泽神、苗稼神、昼神、夜神、空神、天神、饮食神、草木神等。还有他方世界及娑婆世界中的各种鬼王，所谓恶目鬼王、啖血鬼王、啖精气鬼王、啖胎卵鬼王、行病鬼王、摄毒鬼王、慈心鬼王、福利鬼王、大爱敬鬼王等，这许多鬼王也来参加法会。

尔时释迦牟尼佛，告文殊师利法王子菩萨摩诃萨[①]：汝观是一切诸佛菩萨，及天龙鬼神，此世界、他世界，此国土、他国土，如是今来集会，到忉利天者，汝知数否？文殊师利白佛言：世尊，若以我神力，千劫测度[2]，不能得知。佛告文殊师利：吾以佛眼观故[3]，犹不尽数。此皆是地藏菩萨久远劫来，已度、当度、未度，已成就、当成就、未成就。文殊师利白佛言：世尊，我已过去久修善根，证无碍智[4]，闻佛所言，即当信受。小果声闻[5]、天龙八部[6]，及未来世诸众生等，虽闻如来诚实之语，必怀疑惑。设使顶受，未免兴谤。唯愿世尊，广说地藏菩萨摩诃萨，因地作何行[7]、立何愿，而能成就不思议事。

佛告文殊师利：譬如三千大千世界[8]，所有草木丛林、稻麻竹苇、山石微尘，一物一数，作一恒河[9]；一恒河沙，一沙一界；一界之内，一尘一劫；一劫之内，所积尘数，尽充为劫。地藏菩萨证十地果位以来[10]，千倍多于上喻，何况地藏菩萨在声闻、辟支佛地[11]。文殊师利，此菩萨威神誓愿，不可思议。若未来世，有善男子善女人[12]，闻是菩萨名字，或赞叹，或瞻礼，或称名，或供养，乃至彩画、刻镂、塑漆形像，是人当得百返生于三十三天，永不堕恶道。

文殊师利，是地藏菩萨摩诃萨，于过去久远不可说不可说劫前，身为大长者子[13]。时世有佛，号曰狮子奋迅具足万行如来[14]。时长者子，见佛相好[15]，千福庄严[16]。因问彼佛，作何行愿，而得此相？时狮子奋迅具足万行如来告长者子：欲证此身，当须久远度脱一切受苦众生。文殊师利，时长者子因发愿言：我今尽未来际，不可计劫，为是罪苦六道众生[17]，广设方便[18]，尽令解脱，而我自身方成佛道。以是于彼佛前立斯大愿，于今百千万亿那由他不可说劫[19]，尚为菩萨。

【注释】

①文殊师利法王子：文殊师利，梵文 Mañjuśri，意译为妙吉祥，音译另有曼殊室利。是大乘佛教中以智慧为特德的菩萨，往昔曾为诸佛之师，为释迦牟尼的左胁侍，中国佛教四大菩萨之一。法王子，是指文殊菩萨将来会作佛的事业的继承人，如同王子之要继承国王的位置。佛陀自己也宣布过，我为法王，于法自在，所以文殊菩萨被称为法王子。

②劫：梵文 Kalpa，音译作劫波。这是印度表示极其长久时间的一个单位，分为小劫、中劫、大劫。按佛教说法，起初人寿有八万四千岁，每百年人寿减一岁，当减至人寿仅十岁时，已过了八万三千九百九十个一百年，然后又每百年增一岁，直至人寿达八万四千岁，即又过了一个八万三千九百九十个一百年，称为一小劫；如是二十个小劫，称为一中劫；如是八十个小劫，称为一大劫。

③佛眼：指诸佛照破诸法实相，而慈心观众生之眼。

佛眼具足肉眼、天眼、慧眼、法眼四种眼之作用，此眼无事不见、无事不知、无事不闻，闻见互用，无所思惟，一切皆见。

④证：修习正法，如实体验而悟入真理，称为证。有契会真理而悟入之意，故有契证、证契、证会、证悟、证入等语词。又证之境地，乃唯有自己体验之意，故有已证、内证、自内证之称。就能证而言，称为证智、证知；对修因而言，称为证得、证果。

⑤声闻：指听闻佛陀声教而证悟的出家弟子。声闻原指佛陀在世时的诸弟子，后与缘觉、菩萨相对，而为二乘或三乘之一。声闻乘，是专为声闻所说的教法，其主要内容是观四谛之理，修三十七道品，断见、思二惑而次第证得四沙门果，以期入于“灰身灭智”之无余涅槃。

⑥天龙八部：守护佛法的八种神。天龙为别称，八部是总称。这就是：天人、龙、夜叉、乾达婆（乐神）、阿修罗、迦楼罗（金翅鸟）、紧那罗（歌神）、摩睺罗伽（大蟒蛇、地龙）。

⑦因地：为“果地”之对称。地者，位地，阶位之意，指修行佛道，由因行至证果间的阶位。相对佛果之果位而言，等觉以下者悉为因地；对于初地以上之菩萨而言，地前菩萨之阶位皆为因地，即对已证位者，称未证位者为因地。

⑧三千大千世界：又称三千世界，这是古代印度人对全宇宙的称呼。按一般所谓的世界，以须弥山为中

心，其周围有四大洲，其四周又有九山八海，这便是人所居的世界，是一小世界。一千个小世界构成一小千世界；小千世界的一千倍，是中千世界；中千世界的一千倍，则是大千世界。这大千世界由小、中、大三种千世界而成，故称三千世界或三千大千世界。

⑨恒河：印度最大的河流，在今印度与孟加拉国境内。发源于雪山南部，其流域即恒河平原，四通八达，丰饶广阔，为数千年来印度文明之中心，佛陀说法亦多在恒河流域。恒河多沙，其数无量，故经中遇说数目极多时，为通晓起见，即以恒河沙为喻。

⑩十地：指佛教修行过程中的十个阶位，即欢喜地、离垢地、发光地、焰慧地、难胜地、现前地、远行地、不动地、善慧地、法云地。证了这十地，渐开佛眼，成一切种智。

⑪辟支佛：梵文 Pratyeka-buddha，意译为缘觉或独觉。共有二义：一、出生于无佛之世，当时佛法已灭，但因其前世修行的因缘，自以智慧得道；二、自觉不从他闻，观悟十二因缘之理而得道。

⑫善男子、善女人：佛教经典中对在家的信男、信女，每用善男子、善女人称呼。所谓的“善”，系对信佛、闻法、行善业者之美称。亦可将善男子、善女人理解为优婆塞、优婆夷，即皈依佛法，受持五戒的男子、女人。

⑬长者：为家主、居士之意，一般则通称富豪或年高

德劭者为长者。

⑭狮子奋迅：狮子奋起之时，诸根开张，身毛皆竖，其势迅速勇猛，以其威仪啸吼之相，令其余兽类尽失其威，以此喻佛之大威神力。具足万行，指一切具足，福慧圆满。如来是佛之通称。

⑮相好：佛的身体所具足的微妙的特征。相是大的特征，好是小的特征。佛有三十二种相，八十种好。

⑯千福庄严：此种相须在百劫之中修福方可得。每修一百福可得一相，称为百福庄严；修成三十二相则需三千二百福，因称千福庄严。

⑰六道：指众生根据其生前的善恶行为，有六种轮回转生的趋向或境地，即地狱、饿鬼、畜生、阿修罗、人、天，也叫“六趣”。前三道为恶道，后三道为善道。

⑱方便：或译善权、权宜。有三重意义：一指大乘菩萨不能像小乘一样自利，还必须运用各种手段利益他人；一是指为软化众生不得不因地因人制宜采取各种灵活方法，也即所谓权方便、权宜；有时也指为证见真理而修的加行。

⑲那由他：梵文 Nayuta 之音译，又译为那由多、那庾多，为数目的单位。意约为中国所说之“亿”，通常只是表示数目甚大之意。

【译文】

这时，释迦牟尼佛对文殊师利法王子菩萨摩诃萨说：“你看，这一切诸佛、菩萨及天龙鬼神，有来自此世界的；

有来自其它世界的；有来自这方国土（即阎浮提）的；有来自他方国土的，如今都来到忉利天集会，你知道他们的数目一共有多少吗？”文殊师利回答佛说：“世尊，以我所拥有的神通和力量，即使花上一千大劫这么长的时间来测算，也还是不能得知有多少数啊！”佛告诉文殊师利菩萨说：“我以佛眼智慧来测算，也无法得知其确切数目。这些都是地藏菩萨从久远的、不可计量的劫数直到现在，已度脱使令成佛、正度脱使令成佛以及将度脱使令成佛的众生。”文殊菩萨代一切众生向佛恭敬启问：“世尊啊！我于过去无量阿僧祇劫以前直到现在，勤修善根福德智慧，已彻底证悟了无碍智。因此，凡是听到佛所说的一切，都能够坚信受持。但对那些小果位的声闻、天龙八部以及未来世的一切众生，即使听到了如来真实不虚的话语，一定心里还是要生起疑惑的。即使出于恭敬，勉强接受，难免在外界的影响下说出诽谤的话来，反而使这些众生因此而造罪了。因此，我请求世尊，能否为这些众生，比较详细地介绍一下地藏菩萨摩诃萨，他从初发心时起直到现在，一直在作哪种修行，立哪种大愿，才能成就现在所说的那样不可思议的功德神力呢？”

佛告诉文殊师利菩萨说：“譬如说，将三千大千世界里所有的草木、丛林、稻麻、竹子、芦苇、山石、微尘等每一件东西记一个数，每一个数算作一条恒河；每一条恒河里有那么多的沙，将那么多的恒河里所有的沙，每一粒沙子算作一个世界；每一个世界都碎成微尘，每一粒微尘算作一个大劫；将一个大劫里所积的微尘数，再统统算为劫数。地藏菩萨自从证到十地果位以来所经过的劫数、度化的众生，远远超过上述比喻的数量之千倍。更何况地藏菩萨在声闻、辟支佛时所修行的时间与度化的众生，那更是多得无法想象了。文殊师利，这位菩萨的神通威力、宏誓大愿真是不可思议。倘若在未来世界里，有善男子或善女人，有缘能听到地藏菩萨的名号，或是赞叹，或是恭敬瞻礼，或是称念地藏菩萨的名号，或是拿灯烛、香花、饮食、衣服、燃香、果品等供于菩萨像前，或是绘画地藏菩萨形像、用玉石雕刻地藏菩萨形像、用土木胶漆彩帛等塑造地藏菩萨的形像，此人即能够以上述的功德，上升至忉利天，往返生于三十三天，永不会堕落到恶道中去。

“文殊师利，这位地藏菩萨摩诃萨，在过去久远不可说不可说大劫之前，有一次投生为一位大长者家的儿子。在那个时代里，正好有一位佛住世，佛的名号称狮子奋迅具足万行如来。这位大长者子见到佛的相貌威仪非常的美好，兼备了千种的福慧与庄严，因此想要知道其原因，就来到佛前恭敬发问，立了什么样的誓愿，做了什么样的功德，才能感应到这种圆满的妙相。当时狮子奋迅具足万行如来就告诉长者子说：‘要想修证到这样圆满微妙的相貌和身形，应当在非常长久的遥远年代里，以佛法的清净智慧去度脱一切受苦的众生。’长者子听佛这样说了以后，当时就在佛前立下宏誓大愿说：‘我现在发愿，从今天起，以至尽未来际无数劫的岁月里，为一切六道中受苦的众生，以佛法的智慧，用种种方便使他们都能解脱生死，而后我自身再证得涅槃而成佛。’正是由于大长者子在狮子奋迅具足万行如来前发了如此誓愿，所以直到今天，虽然已经经过了百千万亿那由他不可说的大劫这么长的时间，仍然行菩萨道，度化众生。”

又于过去不可思议阿僧祇劫[1]，时世有佛，号曰觉华定自在王如来[2]，彼佛寿命四百千万亿阿僧祇劫。像法之中[3]，有一婆罗门女[4]，宿福深厚[5]，众所钦敬，行住坐卧，诸天卫护。其母信邪，常轻三宝[6]。是时圣女广设方便，劝诱其母，令生正见[7]。而此女母，未全生信，不久命终，魂神堕在无间地狱[8]。时婆罗门女，知母在世不信因果[9]，计当随业，必生恶趣[10]。遂卖家宅，广求香华，及诸供具，于先佛塔寺，大兴供养。见觉华定自在王如来，其形像在一寺中，塑画威容，端严毕备。时婆罗门女，瞻礼尊容，倍生敬仰。私自念言：佛名大觉，具一切智[11]。若在世时，我母死后，倘来问佛，必知处所。时婆罗门女，垂泣良久，瞻恋如来。忽闻空中声曰：泣者圣女，勿至悲哀，我今示汝母之去处。

婆罗门女合掌向空，而白空曰：是何神德，宽我忧虑？我自失母已来，昼夜忆恋，无处可问，知母生界[12]。

时空中有声，再报女曰：我是汝所瞻礼者，过去觉华定自在王如来。见汝忆母，倍于常情众生之分，故来告示。

婆罗门女闻此声已，举身自扑，肢节皆损。左右扶侍，良久方苏。而白空曰：愿佛慈愍，速说我母生界。我今身心，将死不久。

时觉华定自在王如来，告圣女曰：汝供养毕，但早返舍，端坐思惟吾之名号，即当知母所生去处。

时婆罗门女，寻礼佛已，即归其舍。以忆母故，端坐念觉华定自在王如来，经一日一夜。忽见自身到一海边，其水涌沸，多诸恶兽，尽复铁身，飞走海上，东西驰逐。见诸男子女人，百千万数，出没海中，被诸恶兽争取食啖。又见夜叉[13]，其形各异，或多手多眼，多足多头，口牙外出，利刃如剑。驱诸罪人，使近恶兽。复自搏攫，头足相就。其形万类，不敢久视。时婆罗门女，以念佛力故，自然无惧。

有一鬼王，名曰无毒，稽首来迎，白圣女曰：善哉菩萨，何缘来此？

时婆罗门女问鬼王曰：此是何处？

无毒答曰：此是大铁围山西面第一重海[14]。

圣女问曰：我闻铁围之内，地狱在中，是事实否？

无毒答曰：实有地狱。

圣女问曰：我今云何得到狱所？

无毒答曰：若非威神，即须业力[15]。非此二事，终不能到。

圣女又问：此水何缘，而乃涌沸，多诸罪人，及以恶兽？

无毒答曰：此是阎浮提造恶众生[16]，新死之者。经四十九日后，无人继嗣，为作功德，救拔苦难；生时又无善因。当据本业所感地狱，自然先渡此海。海东十万由旬[17]，又有一海，其苦倍此。彼海之东，又有一海，其苦复倍。三业恶因之所招感[18]，共号业海，其处是也。

圣女又问鬼王无毒曰：地狱何在？

无毒答曰：三海之内，是大地狱，其数百千，各各差别。所谓大者，具有十八。次有五百，苦毒无量。次有千百，亦无量苦。

圣女又问大鬼王曰：我母死来未久，不知魂神当至何趣？

鬼王问圣女曰：菩萨之母，在生习何行业？

圣女答曰：我母邪见，讥毁三宝。设或暂信，旋又不敬。死虽日浅，未知生处。

无毒问曰：菩萨之母，姓氏何等？

圣女答曰：我父我母，俱婆罗门种。父号尸罗善现，母号悦帝利。

无毒合掌启菩萨曰：愿圣者却返本处，无至忧忆悲恋。悦帝利罪女，生天以来，经今三日。云承孝顺之子，为母设供修福，布施觉华定自在王如来塔寺。非唯菩萨之母得脱地狱，应是无间罪人，此日悉得受乐，俱同生讫。

鬼王言毕，合掌而退。

婆罗门女寻如梦归。悟此事已，便于觉华定自在王如来塔像之前，立弘誓愿：愿我尽未来劫，应有罪苦众生，广设方便，使令解脱。

佛告文殊师利：时鬼王无毒者，当今财首菩萨是。婆罗门女者，即地藏菩萨是。

【注释】

①阿僧祇：梵文 Asaṃkhya 的音译，意译为无数、无央数。佛教用以表示极为大量，无法以一般算数表示的计算单位。

②觉华定自在王如来：觉悟时心境开朗，如莲华开放，故称觉华；摄心入定，抉破罗网，得大自在，所以称作定自在王。

③像法：佛法有正法时代、像法时代、末法时代，这是就佛入灭后其教法的流行状态而分的三个时期。正法时代，这是教、行、证都具体显现的时期；像法时代，证已不存在，只有教与行二者存留，这是模仿正法的时期，故称像法时代；末法时代，只有教，而无行、证的时期，是佛教衰微的时代。其时间长短说法不一，一般正法为五百年或一千年，像法一千年，末法一万年。

④婆罗门：梵文 Brāhmaṇa 的音译，意为清净。古印度四种姓之首，称最胜种姓，属祭司阶层，掌握社会的一切知识，包括宗教解脱的知识。专求解脱的婆罗门又称梵志。通常认为，婆罗门的责任有六法，即研习吠陀，传授吠陀，为自己祭祀，为他人

祭祀，接受他人的施舍与布施他人。

⑤宿福：过去世所作之善根功德。若以一生为限，迄今所作之善事亦称宿福，又称宿作福、宿善。

⑥三宝：梵文 Triratna，即佛、法、僧。佛是已开悟的人，法是指佛的教法，僧是信奉佛的教法的僧众。以上三者，威德至高无上，永不变移，如世间之宝，故称三宝。

⑦正见：指正确的知见，即能解知世间出世间因果，如实审虑诸法性相之有漏无漏的般若智慧。正见是八正道和十善之一，也就是对因果、事理、四圣谛及三法印等信受理解，并以之作为自己的见地。八正道以正见为首，因为有了正见，才能够对于事理有正确的认识，从而破除虚妄与偏见，悟入正道。

⑧无间地狱：无间，梵名 Avici，音译作阿鼻、阿鼻旨，为八热地狱之第八。位于南赡部洲（即阎浮提）之地下二万由旬处，深广亦二万由旬，堕此地狱之有情，受苦无间。凡造五逆罪之一者，死后必堕于此。所谓无间之义有五，即（一）趣果无间，命终之后，直接堕此狱中，无有间隔；（二）受苦无间，一堕此狱，直至罪毕出狱，其间所受之苦无有间断；（三）时无间，一劫之间，相续而无间断；（四）命无间，一劫之间，寿命无间断；（五）身形无间，地狱纵横八万四千由旬，身形遍满其中而无间隙。

⑨因果：指原因与结果，亦即指因果律。因果，是佛教教义体系中用来说明一切事物相互关系的基本理

论。盖一切诸法之形成，“因”为能生，“果”为所生。也就是说，能引生结果者为因，由因而生者为果。在时间上，因果遍于过去、现在、未来三世。在空间上，则除无为法之外，一切事物皆受因果律支配，佛、菩萨亦然。一切事象，都依因果法则而生灭变化，这一理论反映在伦理方面，则体现为“善有善报，恶有恶报”，确切地说，“善因乐果，恶因苦果”，也就是人们通常所理解的因果报应。

⑩恶趣：趣，为往到之义。恶趣即由恶业所感，而应趣往之处所，又称恶处、恶道。这是作为恶业结果的一种生存状态，是痛苦迷妄的生存环境。具体地说，指的是地狱、饿鬼、畜生三个处所。

⑪一切智：梵文 Sarvajña，音译为萨婆若、萨云然，为佛教所说的三智（一切智、道种智、一切种智）之一，指了知内外一切法相之智。具体地说，如实了知一切世界、众生界、有为、无为事、因果界趣之差别，及过去、现在、未来三世者，称为一切智。

⑫生界：现生结束后受生、托生的境地。

⑬夜叉：梵文 yakṣa，又音译为药叉、夜乞叉，汉译为捷疾鬼。佛教八部众之一，以毗沙门天眷属的身份，守护北方。通常指住于地上或空中，以威势恼害人，或守护正法之鬼类。

⑭铁围山：以须弥山为中心，外有九山八海，第八海为咸海。南赡部洲等四大洲在此，围绕咸海者即是铁围山。

⑮业力：即善恶之业有生起苦乐果之力用，称为业力。业，梵语Karman，音译作羯磨，为造作之义，意谓行为、所作、行动、作用、意志等身心活动，或单由意志所引生之身心生活。过去的作为有招感现在果的力量；现在的作为有招感来世果的力量，因此，业力是轮回的基础。

⑯阎浮提：南赡部洲的别称。按印度人的地理观，作为宇宙中心的须弥山四面有咸海，海中有四大部洲，分别为东胜神洲，南赡部洲，西牛贺洲，北俱卢洲。佛经中云阎浮提有三大特点胜于其他三洲：一勇猛强记，于诸教法勇猛读诵、记闻广博、心不忘失；二勤修梵行，谓南洲之人，于诸清净梵行，则能精勤修习；三佛出其土，谓南洲众生，其人易化，一切圣贤，皆出其中，所以佛陀在此土降生。

⑰由旬：梵文Yojana，系古印度计算距离的单位。以帝王一日行军的路程为一由旬，约四十里。

⑱三业：即身、口、意三业。(一)身业，指身所作及无作之业，有善有恶，若杀生、不与取、欲邪行等为身恶业；若不杀、不盗、不邪淫，即为身善业。(二)口业，又作语业，指口所作及无作之业，有善有恶，若妄语、离间语、恶语、绮语等为口恶业；若不妄语、不两舌、不恶语、不绮语则为口善业。(三)意业，指意所起之业，有善有恶，若贪欲、嗔恚、邪见等为意恶业；若不贪、不嗔、不邪见则为意善业。

【译文】

再者，在过去不可思议无量数劫以前，当时世上有佛住世，号为觉华定自在王如来，寿命为四百千万亿无量数劫。在觉华定自在王佛教化的像法时代中，有一位出身婆罗门的女子，由于曾在过去无量世当中积累了无量的善根与福德，因此为大众所尊重钦佩，无论何时何地，行住坐卧之时总有天神在暗中保护着她。她的母亲不幸信了邪教邪说，非但不信佛，反而还常常轻视佛法僧三宝。为此，这位圣女想尽了种种方法，劝说、诱导她母亲，希望母亲能产生正知正见。但其母由于业障太重，善根太少，始终对佛法三心二意，不能完全信仰奉持。不久之后，她母亲寿终，魂神堕落到无间地狱中去了。婆罗门女知道其母亲在世时不相信因果报应，以其所作的恶业，命终之后，一定会堕入恶趣。为了救度母亲，她就变卖了自己的家园房舍及种种资产，筹办购买了上好名贵的香和花，以及其它各种供佛所用的器具物品，在各处佛像、宝塔、寺院当中一心供养。在一座寺院里，她见到一尊觉华定自在王如来的塑像，其形像威严慈祥、亲切端庄，惟妙惟肖，形神兼备，栩栩如生。当时，婆罗门女恭敬瞻礼佛的尊容时，心里升起加倍的敬仰，心想“佛的名号既然称为大觉，具备一切智而无所不知。佛在世时，母亲死后，倘若我来问佛我母死后所去的生地，佛肯定能知道并会告诉我的”。怀着遗憾与悲伤，婆罗门女在佛像前，一边伤心地哭泣，一边不停地礼拜念佛。不知过了多久，忽然空中有个声音在说：“那位正在哭泣的圣女，不要太过悲伤了，我现在就来告诉你母亲死后所生的地方。”

婆罗门女听到这声音之后，非常激动，合掌向空中问道：“是哪一位有德之神，来安慰我的忧虑？我自从失去母亲以来，日日夜夜怀着悲伤的心情忆念我的母亲，无处去问她现在生在什么世界了。”

这时空中的声音再次告诉婆罗门女说：“我就是你现在正在瞻仰礼拜的过去佛觉华定自在王如来。见你思母心切，远远超过人之常情，所以来告诉你母亲的生处。”

婆罗门女听到这声音，激动万分，情不自禁扑倒在地，以至于手足关节都折损了。旁人赶紧过来扶住她，安慰她，过了好一会才苏醒过来，泪流满面地对空中说：“愿佛慈愍于我，快点告诉我母亲所生之处吧！我如今长久思念母亲，身心交瘁，都快要死了。”

这时，觉华定自在王如来再次告诉圣女说：“你等供养仪式完毕以后，早点回家，在家中净室里，端身正坐，排除一切杂念，专心忆念我的名号，到一定的时候之后，即可知道你母亲所生的去处了。”

婆罗门女礼佛供养之后，立刻回到自己家中。她端正坐好，因思念母亲心切，一刻不敢分心，全心全意称念觉华定自在王如来的名号，经一日一夜之久。忽然间觉得自己来到了一个大海边，这大海里的水，犹如滚汤一样，沸涌不止，海水中还有许许多多极其凶恶的怪兽，身子都是以铁化成，来来往往地在海面上飞行，东奔西跑。只见海里有成千上万的男男女女，一会儿漂上来，一会儿沉下去，被这些恶兽争来抢去地吞吃。又见到各种各样形状不同的夜叉：有的生了好多只手，有的生了好多只眼，有的生了好多只头，有的生了好多只脚等等，这些夜叉露出白森森好像刀剑一样锋利的牙齿。它们追赶驱逐着这些罪人，使他们挨近恶兽，好让这些恶兽吞吃他们。不但如此，这些夜叉也亲自动手争夺、攫取这些罪人，随意玩弄。有的把罪人的头和脚弯在一起，捆作一团；有的把他们的身体拉长压扁，如搓面团一般。这些夜叉的形状千奇百怪，种类多到数不清，令人毛骨悚然，不敢久视。婆罗门女因为有佛力加被，看到这些骇人的景象，当然不会产生恐惧的心理。

正在这时，有一位鬼王，名字叫无毒，恭敬作礼来迎接圣女，对他说："善哉，菩萨，您为什么到这里来呀？"

婆罗门女问鬼王说："这儿是什么地方？"

无毒鬼王回答说："这儿是大铁围山西面的第一重海。"

圣女问："我听说大铁围山内是地狱，这是真的吗？"

无毒回答说："大铁围山里边，确确实实是地狱的所在。"

圣女又问："我现在怎么会来到地狱呢？"

无毒回答说："倘若不是依靠佛菩萨的威神之力，那便是因为本身所造地狱之业而来。除了这两种力量，谁也无法到这个地方来。"

圣女又问："这里的海水为什么会像沸汤一样上下涌沸啊？为什么在海里有那么多的罪人和种种凶恶的怪兽呢？"

无毒回答说："这些都是阎浮提的造恶众生，新死不久。经过七七四十九天后，由于没有亲戚、子女、朋友为他们作超度功德，使他们能脱离这地狱的苦难；同时，他们生前又没有好好修善，没有求得佛法僧三宝力量的加持，所以按照他们生前所作的恶业，就感应到地狱来了。一般来说，在进入地狱之前，要先渡过这一重海，此海往东过去有十万由旬，又有一海，那里的痛苦比这一重海还要加重一倍。在那重海的东边，又有一海，其中的苦楚更是倍上加倍。这三个业海都是由于众生身、口、意三业所造的恶因，而感召的痛苦之果，通常所称的业海，指的就是这儿。”

圣女又问鬼王无毒说：“那么，地狱又在什么地方呢？”

无毒回答说：“在三重海之内就是大地狱，其数有好几千，大大小小都不一样。所谓最大的，就有十八个。其次大的，有五百个，那里边的苦难和刑罚真是一言难尽。再其次的，也就是小地狱也有千百之数，每个里边也有无量的苦难，真是苦海无边啊。”

圣女又问大鬼王说：“我母亲去世时间不长，不知道她的魂神现在在哪里？”

鬼王问圣女道：“菩萨，您的母亲生前的所作所为是怎样的呢？”

圣女回答说：“我母执着邪见，相信外道，以至于常常讥讽毁谤三宝。虽然有时经过劝说，暂时相信三宝，过不久就又不信不敬了。现在虽然去世时间不长，可我却不知道她投生到什么地方去了。”

无毒再问圣女说：“菩萨的母亲姓什么，叫什么呀？”

圣女回答说："我父我母都属于婆罗门种姓，父亲叫尸罗善现，母亲叫悦帝利。"

无毒听了以后，恭敬合掌告诉圣女说："圣女，您不必再忧伤挂怀，可以放心地回家了。这位悦帝利罪女已脱离地狱，升到天上，如今已经有三天了。据说多亏有孝顺的子女为她设供修福，布施觉华定自在王如来塔寺。不但菩萨的母亲得以脱离了地狱之苦，就是在无间地狱里受苦的一切罪人，也都在这一天里解脱了地狱之苦，升到善道受乐了。"

鬼王说完之后，恭敬地向圣女合掌，抽身而退。

此时婆罗门女仿佛大梦初醒，又回到了自己家中的佛堂。待明白了此事的前因后果，觉悟到生死业缘、因缘果报、佛力加持的不可思议，随即来到觉华定自在王如来的塔像之前，立下宏誓大愿说："愿自今日起直到遥远的未来之际，所有一切造罪受苦的众生，我都要用种种方法和智慧，使他们得到彻底解脱。"

佛告诉文殊师利菩萨说："刚才所说的无毒鬼王，就是现在的财首菩萨，婆罗门女就是现在的地藏菩萨。"

分身集会品第二

本品讲述在无量世界所有地狱处度生的分身地藏菩萨，以及经地藏菩萨的救度从业道解脱者，皆来到忉利天宫的法会。世尊以金色臂摩无量分身地藏菩萨顶，殷勤咐嘱地藏“令娑婆世界至弥勒出世已来众生，悉使解脱，永离诸苦，遇佛授记”。无量分身地藏菩萨共复一形，奉劝世尊“不以后世恶业众生为虑”，并承诺，只要众生于佛法中做些微善事，如毫发许，都将不遗余力，善加度脱，使获大利。

尔时百千万亿不可思不可议不可量不可说无量阿僧祇世界，所有地狱处分身地藏菩萨[1]，俱来集在忉利天宫。以如来神力故，各以方面，与诸得解脱从业道出者[2]，亦各有千万亿那由他数，共持香华，来供养佛。彼诸同来等辈，皆因地藏菩萨教化，永不退转于阿耨多罗三藐三菩提[3]。是诸众等，久远劫来，流浪生死，六道受苦，暂无休息。以地藏菩萨广大慈悲，深誓愿故，各获果证。既至忉利，心怀踊跃，瞻仰如来，目不暂舍。

尔时世尊舒金色臂，摩百千万亿不可思不可议不可量不可说无量阿僧祇世界诸分身地藏菩萨摩诃萨顶，而作是言：吾于五浊恶世，教化如是刚强众生，令心调伏，舍邪归正。十有一二，尚恶习在。吾亦分身千百亿，广设方便。或有利根[4]，闻即信受。或有善果，勤劝成就。或有暗钝，久化方归。或有业重，不生敬仰。如是等辈众生，各各差别，分身度脱。或现男子身，或现女人身，或现天龙身，或现神鬼身，或现山林川原、河池泉井，利及于人，悉皆度脱。或现天帝身[5]，或现梵王身[6]，或现转轮王身[7]，或现居士身[8]，或现国王身，或现宰辅身[9]，或现官属身[10]，或现比丘[11]、比丘尼[12]、优婆塞[13]、优婆夷身[14]，乃至声闻、罗汉、辟支佛、菩萨等身，而以化度，非但佛身独现其前。

汝观吾累劫勤苦，度脱如是等难化刚强罪苦众生。其有未调伏者，随业报应，若堕恶趣，受大苦时，汝当忆念吾在忉利天宫殷勤付嘱，令娑婆世界至弥勒出世已来众生[15]，悉使解脱，永离诸苦，遇佛授记[16]。

尔时诸世界分身地藏菩萨，共复一形，涕泪哀恋，白其佛言：我从久远劫来，蒙佛接引，使获不可思议神力，具大智慧。我所分身，遍满百千万亿恒河沙世界。每一世界，化百千万亿身。每一身，度百千万亿人。令归敬三宝，永离生死，至涅槃乐[17]。但于佛法中所为善事，一毛一渧、一沙一尘，或毫发许，我渐度脱，使获大利。唯愿世尊，不以后世恶业众生为虑。如是三白佛言[18]：唯愿世尊，不以后世恶业众生为虑。

尔时佛赞地藏菩萨言：善哉善哉！吾助汝喜，汝能成就久远劫来发弘誓愿，广度将毕，即证菩提[19]。

【注释】

①分身：即化身。佛菩萨为了化导众生，应众生的机缘而化作不同的身份，将一身化出无穷无尽的分身来，像天上的月亮映入水中一样。前品佛说出地藏菩萨作为孝女的因地修行，所以地藏菩萨就来集会，亲自证明一切，同时顶受如来的嘱咐。

②业道：梵文 Karma-mārga，善恶业招感苦乐果报的场所或通路。一般分十善业道与十恶业道两类，这里主要指恶趣恶道。

③阿耨（nòu）多罗三藐三菩提：梵文 Anuttara-samyak-saṃbodhi 的音译，意为无上正等正觉。无上，指最高和无与伦比，再不能有超乎其上者；正，即不偏不倚；等，即等同；正觉，指非凡夫的大觉悟。无上正等正觉，指大乘菩萨成佛时所具有的由知诸法实性而对一切事物无不知无不解的智慧。这也就是佛陀的智慧，是修大乘法的圆满果德。

④利根：利，速疾之义；根，为根机、根性、根器，利根，即聪明的素质，殊胜的根器。就佛教来说，特别指易于觉悟得解脱的根器。

⑤天帝：即释提桓因，帝释天原为摩揭陀国之婆罗门，由于修布施等福德，遂生忉利天，且成为三十三天之天主。

⑥梵王：大梵天王的异称。大梵天为初禅天之王，所以叫大梵天王，总管色界诸天。

⑦转轮王：转轮圣王的简称，指成就七宝，具足四德，统一须弥四洲，以正法治世的大帝王，是佛教政治理想中的统治者。转轮圣王于人寿八万四千岁时出现，统辖四天下。轮王有四种福报：一、大富，珍宝、财物、田宅等众多，为天下第一；二、形貌庄严端正，具三十二相；三、身体健康无病，安稳快乐；四、寿命长远，为天下第一。转轮圣王出现之时，天下太平，人民安乐，没有天灾人祸。此乃由过去生中，多修福业，可惜不修出世慧业，所以仅成统治世界有福报之大王，却不能修行悟道证果。

⑧居士：居家之佛教徒。梵文原语为 Grhapati，意译为长者、家主、家长。在印度，是指从事工商业的富豪，或在家有道之士；在中国，则称学德高而未有出仕的人为居士，即处士之意。现代的用法，凡在家修行的佛教信徒，都称为居士。

⑨宰辅：即辅助皇帝、身居要位的官员。现代而言，指一个国家里执掌党、政、军等的高级干部或官员。

⑩官属：为政府所用的官僚。现代而言，指一般地方上的官员。

⑪比丘：梵文 Bhiksu，音译比丘、苾刍、备刍、比呼等，意译为乞士，言其上从如来乞求佛法而养育法身慧命，下从世俗乞求衣食以存活色身，指受过具足戒的男性出家人。比丘之含义有五种：乞士（行乞食以清净自活者）、破烦恼、出家人、净持戒、怖魔。比丘依法出家，舍弃家财，游化人间，乞食活命，随处宣教，度诸有缘，威仪端严。

⑫比丘尼：梵文 Bhiksunī，指受过具足戒的女性出家人。

⑬优婆塞：梵文、巴利语 Upasaka 的音译，汉译作清信士、近善男、近事男、善宿男。指归依三宝，受持五戒、八戒等男性在家信徒。

⑭优婆夷：梵文、巴利语 Upāsikā 的音译，又作优婆私，汉译作清信女、近善女、近事女、近宿女。指归依三宝，受持五戒、八戒等女性在家信徒。

⑮弥勒：梵文 Maitreya，音译梅呾丽耶、末怛唎耶等，意译为慈氏。依《弥勒上生经》、《弥勒下生经》所

载，弥勒出生于婆罗门家庭，后为佛弟子，先佛入灭，以菩萨身为天人说法，住于兜率天。据传此菩萨欲成熟诸众生，由初发心即不食肉，以此因缘而名为慈氏。《大日经疏》卷一，谓慈氏菩萨系以佛四无量中之慈为首，此慈从如来种姓中生，能令一切世间不断佛种，故称为慈氏。释迦牟尼佛曾预言，弥勒菩萨将下生此世，于龙华树下成佛，分三会说法，故亦称弥勒佛、弥勒如来。中国寺庙一般在山门殿供奉笑口常开的胖弥勒像，传说五代时的契此和尚为弥勒化身，故后人塑像供奉之。

⑯授记：又作授决、受别、记别等。本指分析教说，或以问答方式解说教理；转指弟子所证或死后之生处；后专指未来世证果及成佛名号之预言。如释尊于过去世得燃灯佛授记，弥勒菩萨经受释迦牟尼佛授记于未来世成佛。大乘经典中，成佛授记之说更为普遍，如《无量寿经》记载，法藏比丘经世自在王佛授记，而成阿弥陀佛；《法华经》卷二记载，舍利弗等声闻之授记；《法华经》卷四记载，恶人提婆达多，与一般视作不可成佛之女人皆获授记。

⑰涅槃：梵文 Nirvana，又音译作泥洹、涅盘那等，汉译灭、灭度、寂灭、不生、圆寂。涅槃的含义有多种：息除烦恼业因，灭掉生死苦果，生死因果都灭，而人得度，故称灭或灭度；众生流转生死，皆由烦恼业因，若息灭了烦恼业因，则生死苦果自息，名为寂灭或解脱；永不再受三界生死轮回，故

名不生；惑无不尽，德无不圆，故又称圆寂；达到安乐无为，解脱自在的境界，称为涅槃。佛教大小乘对涅槃有不同的说法，一般分有余涅槃和无余涅槃两种。修行者证得阿罗汉果，业报之因已尽，但还有业报身心的存在，故称有余涅槃；及至身心果报也不存在，称无余涅槃。

⑱三白佛言：指地藏菩萨用同样的话对佛连说三次，表明他下了很坚定的决心。

⑲菩提：梵文 Bodhi 的音译，意译为智慧、知、觉，旧译为道，指佛的最高的智慧。菩提为佛教的根本理念与最高目标，佛教主要在说明菩提之内容，及证取菩提的实践方法。佛陀为获得菩提的觉者，他所觉悟的菩提，其内容是诸法皆空，即所谓一切万有皆无实体的真理。

【译文】

就在这时，百千万亿不可思议、不可称量、不可说的无量阿僧祇世界里，所有在地狱当中救度众生的分身地藏菩萨统统集合到忉利天宫。与此同时，由于依仗佛力的加持，那些曾经得到地藏菩萨教化与救度，从业道中解脱出来的千万亿那由他数的种种众生，也都有幸同到忉利天宫来，手捧种种名贵的香和花来供养佛。这些众生，从无量劫以来，一直在生死苦海里流浪，在六道轮回中受苦，片刻也得不到安宁。正因为受到地藏菩萨誓愿的召感与慈悲的教化，他们对于佛法具有了坚定的信念，每一位都证到了一定的果位，在走向无上正等正觉的路程当中永不退转。

承蒙佛力的加持来到忉利天宫，心里十分的欢喜激动，以无比恭敬心瞻仰如来，目不暂舍。

这时，释迦牟尼世尊伸出金色的手臂，以神通力摩百千万亿不可思、不可议、不可量、不可说无量阿僧祇世界中所有分身地藏菩萨顶，对他们说："我在五浊恶世当中教化这些冥顽固执的众生，使他们的心性趋于调伏、柔和，抛弃邪恶的思想和行为，归到佛法的正道上来。大多数的众生经过我的教化，都有不同程度的改变，有的也证到一定的果位；但还有十分之一、二的众生很难改得了他们无始生死以来所染的种种恶习。为此，我也曾分身千百亿，用尽种种的方法去教化。有的善根比较深厚，智慧比较开明的，听了我的教导后，当即就信服并接受我的教化；有的善根比较深厚，而智慧稍差些的，经过我多次的劝化，也有了种种的成就；有的善根比较肤浅，智慧也很低下，那就要经过长期耐心的教化方能使他们归向佛道；有的众生业障深重，根本对三宝不生敬仰心，极其难以教化。像这些众生，有各种各样不同的情况，我都分成无量化身去度脱他们：或是化现男子的形像，或是化现女人的形像，或是化现天龙的形像，或是化现神鬼的形像，或是化现山、河、树林、平原、湖泊、池塘、泉水、井水去利益众生，使他们感到佛力的不可思议而得到度脱，或是化现天帝的形像，或是化现梵王的形像，或是化现转轮王的形像，或是化现居士的形像，或是化现国王的形像，或是化现宰辅的形像，或是化现官属形像，或是化现比丘、比丘尼、优婆塞、优婆夷的形像，乃至化现为声闻罗汉、辟支佛、菩萨等种种形像，随众生的根基和机缘来度脱他们，而非仅仅以佛身的形像来化度众生。

“你看我从久远劫来辛勤劳苦地度脱这些难教难化、冥顽固执的罪苦众生。那些至今还没有教化、调伏过来的，免不了要受因果规律的支配，依照自己所造的种种恶业得到应有的报应。这些罪苦众生倘若堕落到恶道中受大苦时，你应当想到我在忉利天宫再三殷切地嘱咐——让娑婆世界里那些从现在起直到弥勒佛出世以来的一切众生，你都要以神通智慧使他们都得到解脱，永远脱离种种苦难，直到他们在将来能够遇佛授记，决定成佛。”

这时，从一切世界出来的无量分身地藏菩萨，恢复合为一身，深为本师释迦牟尼佛为一切众生的解脱所作的种种难行苦行及佛陀对他的殷切期望与郑重嘱托所感动，泪流满面，伤感而仰慕地对佛表白自己的心意：“我从遥远的往昔无数大劫以来，承蒙佛的接引与教导，使我获得了不可思议的神通威力，具足无量的般若真智。我所有的分身，遍布百千万亿恒河沙数的世界；每一世界里，又化现百千万亿的化身；每一个化身又度脱百千万亿人，使他们都能归依、尊敬三宝，永远脱离生死轮回，得到不生不灭的涅槃之乐。这些人中，为护持佛法久住所做的善事，那怕轻如鸿毛，小如水滴，细如微尘，尖如毛端的点滴功德，我都会想方设法度化他，使他走上佛法的正道，获得了脱生死、永离苦难的利益。请世尊放心，不必担心后来世造恶业的众生。”地藏菩萨就这样连说了三遍：“请世尊放心，不必担心后来世造恶业的众生。”

这时，佛称赞地藏菩萨说：“善哉善哉，我也随喜赞叹你的功德和你救度一切众生的伟大心愿。你从久远的大劫以来一直诚恳地发度脱一切众生的宏誓大愿。我也向你保证，一旦你把这些众生度尽之后，马上就可以证得菩提而成佛。”

观众生业缘品第三

在本品中，佛母摩耶夫人向地藏菩萨询问阎浮提众生的造业差别及所感恶趣的情形，地藏菩萨首先为佛母讲述了无间地狱的造业因缘。若是犯了不孝父母，或至杀害；出佛身血，毁谤三宝，不敬尊经；侵损常住，玷污僧尼；伪作沙门，欺诳白衣；偷窃常住财物等罪行，则当堕五无间地狱。继而，地藏菩萨解释了该地狱之所以号称“无间”，是因为在该地狱中，日夜受罪，无时间绝；一人亦满，多人亦满；罪器刑罚，苦不堪言；不论男女、贵贱，罪行业感，悉同受之；一日一夜，万死万生，求一念间，暂住不得。最后，地藏菩萨告诉佛母摩耶夫人，若是广说地狱罪器等名，及诸苦事，即使用上一劫的时间也说不尽。

尔时佛母摩耶夫人[1]，恭敬合掌，问地藏菩萨言：圣者，阎浮众生，造业差别，所受报应，其事云何？

地藏答言：千万世界，乃及国土，或有地狱，或无地狱；或有女人，或无女人；或有佛法，或无佛法；乃至声闻、辟支佛，亦复如是。非但地狱罪报一等。

摩耶夫人重白菩萨：且愿闻于阎浮罪报所感恶趣。

地藏答言：圣母，唯愿听受，我粗说之。

佛母白言：愿圣者说。

尔时地藏菩萨白圣母言：南阎浮提罪报名号如是：若有众生，不孝父母，或至杀害，当堕无间地狱，千万亿劫，求出无期。若有众生，出佛身血，毁谤三宝，不敬尊经，亦当堕于无间地狱，千万亿劫，求出无期。若有众生，侵损常住[2]，玷污僧尼，或伽蓝内恣行淫欲[3]，或杀或害，如是等辈，当堕无间地狱，千万亿劫，求出无期。若有众生，伪作沙门[4]，心非沙门，破用常住，欺诳白衣[5]，违背戒律，种种造恶，如是等辈，当堕无间地狱，千万亿劫，求出无期。若有众生，偷窃常住财物、谷米、饮食、衣服，乃至一物不与取者，当堕无间地狱，千万亿劫，求出无期。

地藏白言：圣母，若有众生作如是罪，当堕五无间地狱，求暂停苦一念不得。

摩耶夫人重白地藏菩萨言：云何名为无间地狱？

地藏白言：圣母，诸有地狱，在大铁围山之内。其大地狱，有一十八所。次有五百，名号各别。次有千百，名字亦别。无间狱者，其狱城周匝八万余里，其城纯铁，高一万里，城上火聚，少有空缺。其狱城中，诸狱相连，名号各别。独有一狱，名曰无间。其狱周匝万八千里，狱墙高一千里，悉是铁为，上火彻下，下火彻上。铁蛇铁狗，吐火驰逐，狱墙之上，东西而走。狱中有床，遍满万里。一人受罪，自见其身遍卧满床。千万人受罪，亦各自见身满床上。众业所感，获报如是。又诸罪人，备受众苦。千百夜叉，及以恶鬼，口牙如剑，眼如电光，手复铜爪，拖拽罪人。复有夜叉，执大铁戟，中罪人身，或中口鼻，或中腹背，抛空翻接，或置床上。复有铁鹰，啖罪人目。复有铁蛇，缴罪人颈。百肢节内，悉下长钉，拔舌耕犁，抽肠锉斩，烊铜灌口，热铁缠身。万死千生，业感如是。动经亿劫，求出无期。此界坏时，寄生他界。他界次坏，转寄他方。他方坏时，展转相寄。此界成后，还复而来。无间罪报，其事如是。

又五事业感，故称无间。何等为五？一者，日夜受罪，以至劫数，无时间绝，故称无间。二者，一人亦满，多人亦满，故称无间。三者，罪器叉棒，鹰蛇狼犬，碓磨锯凿，锉斫镬汤，铁网铁绳，铁驴铁马，生革络首，热铁浇身，饥吞铁丸，渴饮铁汁，从年竟劫，数那由他，苦楚相连，更无间断，故称无间。四者，不问男子女人、羌胡夷狄、老幼贵贱、或龙或神、或天或鬼，罪行业感，悉同受之，故称无间。五者，若堕此狱，从初入时，至百千劫，一日一夜，万死万生，求一念间暂住不得，除非业尽，方得受生，以此连绵，故称无间。

地藏菩萨白圣母言：无间地狱，粗说如是。若广说地狱罪器等名，及诸苦事，一劫之中，求说不尽。

摩耶夫人闻已，愁忧合掌，顶礼而退⑥。

【注释】

①摩耶夫人：释迦牟尼之母，为古印度迦毗罗卫城净饭王之妃。临产前依时俗返回娘家待产，途中于其父天臂城蓝毗尼园（今尼泊尔境内）休息时，生下释尊，七日后逝世，生于忉利天。

②常住：指往来僧众办道的地方。此外，亦指属于寺院全体的东西，如田园、杂具之类，为僧众所共用。

③伽蓝：梵文 Saṃghārāma，音译为僧伽蓝摩，或作僧伽蓝，汉译为僧园、僧院。原指可供建设众僧居住之房舍的用地，后指僧人聚合修行的清净闲静之所，也就是通常所说的寺院。

④沙门：梵文 Sramaṇaka，又音译为沙门那；汉译的名称很多，如息、息心、静志、净志、乏道、贫

道、功劳、勤息等等，指出家的僧人。在印度，原是出家者的总称，其特征是剃发，止息种种罪恶，制御身心，使之向善，不断精进，务求得到解脱。

⑤白衣：梵文 Avadāta-vasana，原意白色之衣，转称著白衣者，即指在家人。印度人一般皆以鲜白之衣为贵，故僧侣以外者皆著用白衣，佛典中亦多以“白衣”为在家人之代用语；相对于此，沙门则称为缁衣、染衣。

⑥顶礼：又称头顶礼足、头面礼足、头面作礼、头面礼、五体投地等。这是古印度的最高的敬礼：在尊者前，以两膝、两肘及头著地，以头顶敬礼。以我所高者为顶，彼所卑者为足；以我所尊，敬彼所卑者，即礼之极。

【译文】

这时，佛的生母摩耶夫人向地藏菩萨恭敬合掌询问道：“圣者，阎浮提的众生造业有大有小，千差万别，他们所受的果报也有种种不同，具体来说又是怎样的呢？”

地藏菩萨回答说：“千千万万的世界或国土中，有的有地狱，有的没地狱；有的有女人，有的没女人；有的有佛法流传教化，有的没有；或者如声闻、辟支佛一样的圣者及其教法，有的有，有的没有。不单单是地狱才算是罪报。”

摩耶夫人重又请教菩萨说：“圣者，我只想听听阎浮提的众生，因造种种罪而遭受种种果报的情形是怎样的。”

地藏菩萨回答说：“圣母，请您细听，我将阎浮提众生造罪受报的情形大略说一下。”

佛母回答说：“请圣者讲一讲吧！”

这时，地藏菩萨就对圣母讲：“南阎浮提众生造罪所得报应的情况是这样的：倘若有众生，不孝顺父母，甚至起恶心杀害父母的话，那就要堕入无间地狱，即使经过千万亿劫的久远时日也还没有出头之日。倘若有众生出佛身血，毁谤三宝，不恭敬、不尊重佛教经典，也将要堕入无间地狱，即使经过千万亿劫的久远时日也还没有出头之日。倘若有众生侵占、损坏佛经、佛像、经典及寺院的财产物品，勾引僧人或奸污尼众，或是在寺庙里恣意搞邪淫的活动，或是杀害、打骂出家僧尼等等，作了这些恶事，也要堕入无间地狱，即使经过千万亿劫的久远时日也还没有出头之日。倘若有的众生，穿了出家人的服装，假装虔诚向佛，但内心贪恋俗世，将寺庙及僧众公共财产据为己有，为了名闻和利养，欺骗居士信众，违背佛门戒律，造出种种恶业。像这样的人，也要堕入无间地狱，即使经过千万亿劫的久远时日也还没有出头之日。倘若有众生偷窃寺院的用具、财物、粮食、衣物等，哪怕只是一件小东西，不经寺院或出家人同意而私自取用的话，也得要堕入无间地狱，即使经过千万亿劫的久远时日也还没有出头之日。”

地藏菩萨总结说：“圣母，若有众生做了如上面所说的种种罪行的话，那就一定会堕入到五无间地狱里去受极大苦，在这期间，想要祈求哪怕刹那之间的停止都不可能啊！”

摩耶夫人再次问地藏菩萨说：“为什么将这个地狱叫做

无间呢？”

地藏菩萨解释说：“圣母，所有的地狱都在大铁围山里边。要说大地狱，那就有十八所，其次有五百所，名称都不一样。再其次有千百所，名称也都不一样。所谓无间地狱，它的狱城周长有八万多里，城墙全都是用铁化成，城高一万里，在城墙顶上大火弥漫，连一点空隙都没有。在狱城之内，各个地狱互相连结，名称各不相同，特别有一个地狱，名字就叫‘无间’。这个无间地狱，周围有一万八千里，狱墙高一千里，也都是纯铁化成。狱墙上燃烧的火焰一直通到墙根，墙根的火焰烧到墙上，铁蛇、铁狗也都是烧得火红，喷出火来，在狱墙顶上来回奔跑，驱赶那些想爬出城去的罪人。狱中有大铁床，绵延布满一万里。若一个人受罪，可以亲眼看到自己的周身躺在铁床上遭受折磨；若千万人受罪，也都看见各自的周身躺在铁床上遭受折磨。这都是由于众生犯了众多严重的罪恶，所得到的苦报啊。另外，这些罪人还要承受许许多多各种各样其他的痛苦折磨。那里有千百个夜叉、恶鬼，张开了血盆大口，暴露出像剑一样锋利的牙齿，眼睛像闪电一样在黑暗的地狱里发光，手像铜爪一样结实，把罪人们拖来拽去。有的夜叉用大铁戟来戳罪人，有的刺中罪人的嘴巴、鼻子，有的刺中腹部或背部，把他们挑起来扔向空中，再用铁戟把罪人刺中接住，扔到大火烧红的铁床上。在空中还有许多铁鹰，专门啄食罪人的双眼；还有铁蛇缠住罪人的头颈使他们喘不过气来。罪人全身的关节骨骼里，都被钉上长长的铁钉。或者把罪人的舌头拔出来，用铁犁在上面耕犁；

或者把罪人的肠子抽出来寸寸斩断；或者把烧熔的铜汁灌在罪人的口中；或者用烧红的铁水浇在罪人的身上……种种刑罚，万死千生，生了死，死了生。无间地狱里如此种种残酷的折磨，都是由于众生过去所造的种种恶业所招感的恶报啊！罪人一旦堕入无间地狱，就要经过千万亿劫漫长的折磨，出离之日，遥遥无期。一旦这个世界毁灭之时，便会自动转生到其它世界的地狱中去；那个世界毁灭之时，再转寄到另一个世界的地狱当中，就这样循环转寄，无有休止。当这个世界重新生成之后，还会再转到这个世界的地狱中来。无间地狱里罪报的大致情况就是这样。

“此外，这个地狱之所以称为无间，是因为它是由五种特别严重的报应所组成的，所以叫五无间。第一，日日夜夜折磨不断，以至于累经劫数，也没有片刻时间的间断，故称为无间。第二，一个人身在狱中，其狱是满无间隙的，许多人身在狱中，其狱也是满无间隙的，从这个意义上来说，亦称为无间。第三，该狱中的种种刑具和刑罚的方式五花八门，种类俱全。如铁叉、铁棒、铁鹰、铁蛇、铁狼、铁狗、石碓、石磨、铁锯、铁凿、铁锉、铁斧、铁水、铁网、铁绳、铁驴、铁马等等。或用铁链绞罪人的颈，或用铁水浇罪人的身体，饥饿时以铁丸子令罪人吞食，干渴时让罪人喝滚烫的铁水，就这样痛苦不堪地承受刑罚，一种接着一种，在无数大劫的时间里从不间断，所以称为无间。第四，无论是男是女，是汉族或是少数民族，是中国人或是外国人，无论是成人或是小孩，无论贵如君主还是贱如乞儿，无论是人类还是龙、神、天人、鬼道，不管是六道中哪一类的众生，只要生前犯有上述罪行的，都会感应到这地狱来，共同受苦，没有丝毫差别，所以称为无间。第五，一旦进入这个地狱当中，从一开始起直到百千大劫，期间的每日每夜每时每刻，都要经历万死万生的痛苦。在任何时候想要有一念间的暂停生死都不可能。除非业报已尽，方能离开地狱去别处受生，从这意义上讲，称为无间。”（注：这与第一点不同。第一点说明累经劫数，强调时间的长久。这里说明一天一夜之间即经历万死万生，生死苦楚连绵不断，连一念的休息都没有，强调痛苦的程度。）

地藏菩萨最后对圣母说：“无间地狱的情形，粗略地来说就是这样，假如要详细叙说地狱里的刑具刑罚，众生受苦的惨状，那就是用上一个大劫的时间也说不完啊！”

摩耶夫人听完地藏菩萨的讲述之后，深为那些在地狱当中受苦的众生而悲忧痛心，恭敬合掌，并向地藏菩萨顶礼，退回到原来的座位中去了。

阎浮众生业感品第四

在本品中，世尊首先为定自在王菩萨讲述了地藏菩萨因地发愿的两件事迹。地藏菩萨一世曾为小国王，发愿永度罪苦众生，然后成佛。一世曾为光目女，遇阿罗汉指点，为度亡母，供养瞻礼清净莲花目如来，并于佛前，发愿“却后百千万亿劫中，应有世界，所有地狱及三恶道诸罪苦众生，誓愿救拔，令离地狱恶趣、畜生、饿鬼等。如是罪报等人，尽成佛竟，我然后方成正觉”。佛告定自在王菩萨，志心归敬地藏菩萨，可得无量种种善报，诸菩萨当广演是经，以利益众生。接着，四天王请问地藏菩萨利益人天之事，世尊为其略述地藏菩萨度化众生所说报应之法。

尔时地藏菩萨摩诃萨白佛言：世尊，我承佛如来威神力故，遍百千万亿世界，分是身形，救拔一切业报众生。若非如来大慈力故，即不能作如是变化。我今又蒙佛付嘱，至阿逸多成佛已来[①]，六道众生，遣令度脱。唯然世尊，愿不有虑。

尔时佛告地藏菩萨：一切众生未解脱者，性识无定[②]。恶习结业，善习结果。为善为恶，逐境而生。轮转五道[③]，暂无休息，动经尘劫，迷惑障难。如鱼游网，将是长流，脱入暂出，又复遭网。以是等辈，吾当忧念。汝既毕是往愿、累劫重誓，广度罪辈，吾复何虑！

说是语时，会中有一菩萨摩诃萨，名定自在王[④]，白佛言：世尊，地藏菩萨累劫以来，各发何愿，今蒙世尊殷勤赞叹？唯愿世尊，略而说之。

尔时世尊告定自在王菩萨：谛听谛听，善思念之，吾当为汝分别解说。乃往过去无量阿僧祇那由他不可说劫，尔时有佛，号一切智成就如来[⑤]、应供[⑥]、正遍知[⑦]、明行足[⑧]、善逝[⑨]、世间解[⑩]、无上士[⑪]、调御丈夫[⑫]、天人师[⑬]、佛、世尊，其佛寿命六万劫。未出家时，为小国王，与一邻国王为友，同行十善[⑭]，饶益众生。其邻国内，所有人民，多造众恶。二王议计，广设方便。一王发愿：早成佛道，当度是辈，令使无余。一王发愿：若不先度罪苦，令是安乐，得至菩提，我终未愿成佛。

佛告定自在王菩萨：一王发愿早成佛者，即一切智成就如来是。一王发愿永度罪苦众生，未愿成佛者，即地藏菩萨是。

复于过去无量阿僧祇劫，有佛出世，名清净莲华目如来[15]，其佛寿命四十劫。像法之中，有一罗汉[16]，福度众生。因次教化，遇一女人，字曰光目，设食供养。

罗汉问之：欲愿何等？

光目答言：我以母亡之日，资福救拔，未知我母生处何趣？

罗汉愍之，为入定观，见光目女母，堕在恶趣，受极大苦。罗汉问光目言：汝母在生，作何行业？今在恶趣，受极大苦。

光目答言：我母所习，唯好食啖鱼鳖之属。所食鱼鳖，多食其子，或炒或煮，恣情食啖，计其命数，千万复倍。尊者慈愍，如何哀救？

罗汉愍之，为作方便，劝光目言：汝可志诚念清净莲华目如来，兼塑画形像，存亡获报。

光目闻已，即舍所爱，寻画佛像而供养之，复恭敬心，悲泣瞻礼。忽于夜后，梦见佛身，金色晃耀，如须弥山，放大光明，而告光目：汝母不久当生汝家，才觉饥寒，即当言说。

其后家内婢生一子，未满三日，而乃言说。稽首悲泣，告于光目：生死业缘，果报自受。吾是汝母，久处暗冥。自别汝来，累堕大地狱。蒙汝福力，方得受生，为下贱人，又复短命，寿年十三，更落恶道。汝有何计，令吾脱免？

光目闻说，知母无疑，哽咽悲啼，而白婢子：既是我母，合知本罪，作何行业，堕于恶道？

婢子答言：以杀害、毁骂二业受报。若非蒙福救拔吾难，以是业故，未合解脱。

光目问言：地狱罪报，其事云何？

婢子答言：罪苦之事，不忍称说。百千岁中，卒白难竟。

光目闻已，啼泪号泣，而白空界：愿我之母，永脱地狱。毕十三岁，更无重罪，及历恶道。十方诸佛，慈哀愍我，听我为母所发广大誓愿：若得我母永离三涂，及斯下贱，乃至女人之身永劫不受者。愿我自今日后，对清净莲华目如来像前，却后百千万亿劫中，应有世界，所有地狱及三恶道诸罪苦众生，誓愿救拔，令离地狱恶趣、畜生、饿鬼等。如是罪报等人，尽成佛竟，我然后方成正觉！

发誓愿已，具闻清净莲华目如来而告之曰：光目，汝大慈愍，善能为母发如是大愿。吾观汝母十三岁毕，舍此报已，生为梵志[17]，寿年百岁。过是报后，当生无忧国土[18]，寿命不可计劫。后成佛果，广度人天，数如恒河沙。

佛告定自在王：尔时罗汉，福度光目者，即无尽意菩萨是[19]。光目母者，即解脱菩萨是。光目女者，即地藏菩萨是。过去久远劫中，如是慈愍，发恒河沙愿，广度众生。

未来世中，若有男子女人，不行善者、行恶者，乃至不信因果者、邪淫妄语者、两舌恶口者、毁谤大乘者，如是诸业众生，必堕恶趣。若遇善知识[20]，劝令一弹指间归依地藏菩萨，是诸众生即得解脱三恶道报。若能志心归敬及瞻礼赞叹，香华、衣服、种种珍宝、或复饮食，如是奉事者，未来百千万亿劫中，常在诸天，受胜妙乐。若天福尽，下生人间，犹百千劫常为帝王，能忆宿命因果本末。定自在王，如是地藏菩萨有如此不可思议大威神力，广利众生。汝等诸菩萨，当记是经，广宣流布。

定自在王白佛言：世尊，愿不有虑。我等千万亿菩萨摩诃萨，必能承佛威神，广演是经，于阎浮提，利益众生。

定自在王菩萨白世尊已，合掌恭敬，作礼而退。

【注释】

①阿逸多：梵文 Ajita 的音译，为佛陀弟子之一。又作阿氏多、阿恃多、阿嗜多。意译无胜、无能胜或无三毒。古来或以阿逸多即为弥勒菩萨，也有一种说法阿逸多与弥勒实为两人，同为佛陀时代受佛教化之弟子。此处当指弥勒菩萨。

②性：梵文 Prakrti，与相、修相对，体之义，因之义，不变之义，即受外界影响亦不改变之本质，本来具足之性质、事物之实体（自性）、对相状而言之自

体、众生之素质（种性）等。这里主要指众生长期以来为恶的习气，已经形成了一种天性。识：梵文Vijñāna，音译作毗阇那、毗若南。了别之义，重在对境界的认识。识为五蕴，即构成人身的五种要素之一。识是佛教义理，特别是法相唯识学的重要范畴。大、小乘佛教皆立有六识说，即眼识、耳识、鼻识、舌识、身识、意识等六种心识。唯识宗另举末那识（思量识）与阿赖耶识（异熟识），成立八识说。这里主指善恶种子，特别是烦恼种子在众生的八识田中持续不断地现行。

③五道：又称五趣，指地狱、饿鬼、畜生、人间、天这五种存在的境地。这五者都不能免于生死轮回。大乘经中则多说六道（趣），即于五道之外别立阿修罗一道。

④定自在王：众生性识不定，所以出入罗网，不得解脱。这位菩萨摄心入定，所以能抉破网罗，得大自在，所以叫作定自在王。

⑤一切智成就如来：能知一切之智，称一切智。佛教所说的智慧三种：一是一切智，能成就二乘小果；二是道种智，能成就菩萨道；三是一切种智，能成就佛道。一切智成就如来即指具一切种智能成就觉悟的人。

⑥应供：梵文Arhat，音译阿罗诃，亦作应、应真。指断尽一切烦恼，智德圆满，应受人天供养、尊敬者。

⑦正遍知：亦作正等觉，真正普遍平等的觉悟，乃三

藐三菩提之意译。

⑧明行足：亦作明行圆满，明善行、明行成。明，即阿耨多罗三藐三菩提；行足，即戒、定、慧等。佛陀以智慧为先导而修万行，故成就福慧圆满。

⑨善逝：又作善去、善解、善说无患、好说、好去。善是好，逝是去，善逝者，即如实去彼岸不再退没生死之义。

⑩世间解：指佛能了知世间与出世间的一切真理，既了知世间之因、世间之灭，亦了知出世间之道，于世间出世间一切事理性相，明解照了。

⑪无上士：指如来之智德，于人中最胜，无有过之者，故称无上士。

⑫调御丈夫：佛善能摧伏魔军，勇敢无畏，善能调御一切，故称调御丈夫。

⑬天人师：佛陀为诸天与人类之导师，示导一切应作不应作、是善是不善，若能依教而行，不舍道法，能得解脱烦恼之报，故称天人师。又以佛陀度天、人者众，度余道者寡，故称为天人师。

⑭十善：佛教对世间善行的总称，又称十善道、十善业道、十善根本业道或十白业道。它是以三种身业（不杀生、不偷盗、不邪淫）、四种语业（不妄语、不恶口、不两舌、不绮语）及三种意业（不贪欲、不嗔恚、不邪见）所组成的。

⑮清净莲华目如来：由于佛诸恶断净，德行圆满，因此他的面容，像净满的月亮一样光亮明洁；又由于

佛常以慈悲的眼看待众生，因此他的眼睛像青色的莲花一样清澈无染。

⑯罗汉：即阿罗汉，梵语 Arhat，意译应供、杀贼、不生、无生、无学等。指断尽三界见、思之惑，证得尽智，而堪受世间大供养之圣者。一般专指小乘佛教中所得之最高果位而言，证得了阿罗汉果，就解脱了生死轮回。

⑰梵志：梵文 Brāhmana，音译婆罗门、梵士，意译为净裔、净行，又称净行者、净行梵志。婆罗门志求无垢清净得生梵天，并自称由梵天之口而生，为四姓中之最殊胜者，故独取梵为名。梵志亦为一切外道出家者之通称。

⑱无忧国土：即西方极乐世界。

⑲无尽意菩萨：又作无尽慧菩萨。此菩萨因观一切事相之因果报应皆为无尽，而发心上求无尽之诸功德，下度无尽之众生，故名无尽意菩萨。

⑳善知识：能够说法引导人们至于善处者，是善友，亦称善知识。

【译文】

这时，地藏菩萨摩诃萨恭敬地对佛说："世尊，我依仗诸佛如来威神之力的加持，能够在无量百千万亿世界里，示现种种不同的化身与形像，去救度教化一切罪业缠身的众生。倘若没有如来的慈悲威神的加持，我则不可能有这样的神通变化之力。现在，我又承蒙佛陀的嘱托，将弥勒菩萨成佛之前在六道生死当中的轮回的众生全部度脱，使他们脱离苦难。唯愿世尊安心释怀，无须挂虑，我一定不辜负您的嘱托。”

这时，佛对地藏菩萨说：“那些还没能得到解脱的众生，于无量生死当中造业作恶形成了坚固的习气与强大的业力，形成善、恶、无记的种子含藏于八识之中，随缘现行，没有定数，随着环境、条件的变化而变化，遇到善缘，会做点善事，得到好报，遇到恶缘，就会做坏事，得到恶报，不能自主。因此永远在天、人、畜生、饿鬼、地狱这五道中轮回不已，得不到片刻的休息。经过无量无边如同把三千大千世界化为微尘之多的劫数，受尽苦楚，却依然心存迷惑，自己制造了难以脱苦的无数障碍。就像鱼儿游入网中，在长长的生死大河里，一会儿刚出了这个网，不知不觉又游进了另一个网。这些众生，正是我忧虑挂念的。你能于无量劫以来，一次次发救度众生的宏誓大愿，一旦能圆满这些大愿，救度无量无边的罪苦六道众生，使他们最终能得到涅槃的安稳之处，那我还有什么可忧虑的呢？”

佛赞叹地藏菩萨的宏誓大愿时，会中有一位菩萨摩诃萨，名叫定自在王，恭敬问佛道：“地藏菩萨从无量劫以来，都发了些什么愿，这么不可思议，令世尊在这大会中郑重其事地反复赞叹，请世尊给我们简要地说说吧！”

世尊回答定自在王菩萨说：“仔细听好，善加思维，我现在就为你们分别解说地藏菩萨往昔所发大愿。在过去无量无数不可说大劫之前，有一尊佛在世宏法，佛号为一切智成就如来、应供、正遍知、明行足、善逝、世间解、无上士、调御丈夫、天人师、佛、世尊。这尊佛住世的寿命为六万劫。在还没出家修行前，曾经是一个小国里的国王，同与他相邻的另一个小国的国王是朋友，他们相互约定，在国中共同推行十善法，作为治理国家的法律和道德规范，并以善政来利益国中的人民。但邻国中的人民常造种种恶业，难免要堕入三涂受苦。为此，这两个国王商议，如何才能妥善救度这些百姓，令其不遭恶道之苦。一国的国王发愿：愿自己早日成佛来度脱这些众生，使他们全部都脱离苦海，得到最终的解脱；而邻国的国王发愿：若不能先使这些众生解脱三恶道苦，获得安乐，成就佛道，我将誓不成佛。”

佛接着告诉定自在王菩萨说：“发愿早日成佛，度尽众生的国王，就是当时的一切智成就如来！发愿先度罪苦众生，如有一众生尚未得度，自己就不愿成佛的，就是现在的地藏菩萨！

“再举一个例子：在过去无量无数劫之前，有佛出世，名为清净莲华目如来。这尊佛的寿命长达四十劫。在佛涅槃后的像法时代里，有一位阿罗汉，游化世间，为众生作福田，施以教化，令得安乐。有一天，他遇见一个女人，名字叫做光目，准备了许多美味的食物来供养阿罗汉。

“阿罗汉就问她：‘你知道供养阿罗汉是会得到大福报的。你想要求些什么呢？’

“光目回答说：‘我从母亲亡故那天起，就想为她做些功德，以救拔她的苦难。现在不知道我母亲死后，究竟投生到什么地方去了？’

“罗汉怜悯光目女一片纯孝之心，为她入定作观，只见光目女的母亲堕落到恶道中，正在受极大的苦。罗汉就问光目：‘你母亲活着的时候都造了些什么业啊？她现正在恶道里受极大的痛苦。’

“光目回答说：‘我母亲生前有个坏习气，专门喜欢吃鱼、鳖之类的东西。而且特别喜欢吃鱼籽、鳖蛋之类，或是炒、或是煮，放纵地大吃大嚼，所以这一辈子所吃掉的生命成千上万，不知道有多少！尊者！请您发发慈悲，告诉我用什么方法才可以救度我母亲呢？’

“阿罗汉对她十分同情，就为她想了个办法，说：‘你应当至诚恳切地称念清净莲华目如来的圣号，同时雕塑、彩画这尊佛的形像。这样，无论是死者或生者，都将获得好报。’

“光目女听了这话之后，马上把自己家中心爱之物变卖了，用这些钱财来塑画清净莲华目如来的形像，同时又以种种灯、香、花、烛、食品、幢幡等供养清净莲华目如来。在佛像前恭敬瞻礼，痛哭祈求清净莲华目如来。正在午夜之时，忽然梦见佛的金身，金光闪闪，如同须弥山那样高大，辉煌遍照。佛开口告诉光目说：‘你母亲不久就会托生在你家里，出生后，才觉出饥寒，马上就会开口说话。’

“后来没有多久，光目女家里的一个婢女生了一个孩子，还不到三天就会说话。低头作礼，悲切啼哭着对光目说：‘生死都受业力因缘所支配，各人所造的业，各人自己承受。我是你母亲，一直在黑暗的恶道里轮转。与你分别以来，几度堕入地狱里受苦。承蒙你供佛、念佛的福力，方才得以获得投生为人的机会，但也只能做一个下贱人，

而且寿命很短，只有十三年，死了以后还得再次堕入恶道中去。你有什么办法可以使我脱离恶道之苦啊？'

"光目听了这话，知道这婴儿就是她母亲的转世，因此更加悲痛，哽哽咽咽地哭着说：'你既然是我母亲转世，应当知道你自己是犯了什么罪，造了什么业，才会堕入到恶道中去的呀？'

"婢女的孩子说：'因为犯了杀生害命以及毁谤恶口的罪才受这苦报。如果不是蒙你替我供佛修福，我是不可能暂时离开这恶道呢！'

"光目又问道：'地狱里的罪报情形又是怎样的呢？'

"这婴儿说：'地狱中所受的罪惨不忍说，要是详细说的话，就是几百年、几千年也说不完。'

"光目听了这话之后，悲痛得放声大哭，对着苍天发愿说：'愿我的母亲能永远脱离地狱。在这十三年之后，消去一切重罪，永远不再经历三恶道。十方一切诸佛啊，请您们慈悲怜悯我，听我为母亲所发的广大誓愿。倘若能使得我母亲永远脱离三恶道、脱离下贱的人身、乃至脱离女人之身，所有这些永劫不再重受，我今天对清净莲华目如来像前发下大愿：愿我从今日起，直至将来百千万亿劫，所有世界、一切地狱以及三恶道中的罪苦众生，发誓要救济、超度他们，使他们永远脱离地狱、饿鬼、畜生这三恶道。不仅如此，还要使这所有的罪苦众生全都成佛以后，我才最后证得菩提而成佛。'

"光目女发下这个广大誓愿之后，就听到清净莲华目如来的声音对她说：'光目，你能以大慈悲心，为你母亲发这么大的愿心。我以佛眼来观察，你母亲在这十三年的生命结束之后，就可以解脱往昔的罪报，转世为修行清净道的梵志，寿命为一百岁。再过了一期寿命之后，将往生无忧国土西方极乐世界，寿命不可限量。并在那里，勤修佛道，成就正果，决定成佛，将来度化的天众、人众亦如恒河沙一样无量无边难以计数。’”

接着，佛告诉定自在王菩萨说：“当时以福力来度光目女的阿罗汉，就是现在的无尽意菩萨；光目女的母亲，就是现在的解脱菩萨；光目女就是现在的地藏菩萨！在过去无数久远的大劫之中，以慈悲心、怜悯心，发下如恒河沙之多的大愿，来普度一切众生。

“在未来的世界中，如果有那些不愿行善、专门作恶的男子女人，以及不信因果、邪淫妄语、挑拨离间、恶言伤人，甚至毁谤大乘的造恶众生，死了之后必定会堕落到恶道中去承受苦报。假如能有缘遇到通晓佛法的善知识，劝他们在一念间归依地藏菩萨，这些众生，就能够有机会从堕落三恶道的果报之中解脱出来。如果这些众生能进一步至诚恳切地归依礼敬、瞻仰赞叹地藏菩萨，并用种种上好的香花、种种上好的衣服、种种稀有的珍宝和种种上妙的饮食来供养奉事地藏菩萨，那么这些众生在将来的百千万亿劫中，常常托生在各重天界之中享受种种适意美好快乐的生活。即使天福享尽了，下生到人间来，还能在百千劫的长久时间里，在人间作国王，具有宿命神通之力，能够回忆起自己过去世生生死死的因果业缘。定自在王，地藏菩萨有如此不可思议的大威神力，普遍地利益一切众生。

在座的诸大菩萨们，应当牢记我现在所说的这部经，在各个世界当中广泛地宣扬、流通。”

定自在王菩萨回答佛说：“世尊，请您不要心怀忧虑，我们千万亿的菩萨摩诃萨，必定能承蒙佛陀威神之力，在阎浮提世界中广泛地宣传、演说、讲解、流通这部经，以利益一切众生。”

定自在王菩萨说完这番话之后，恭敬地向世尊合掌顶礼，退回到自己的座位中去了。

尔时四方天王俱从座起，合掌恭敬，白佛言：世尊，地藏菩萨于久远劫来，发如是大愿，云何至今犹度未绝，更发广大誓言？唯愿世尊，为我等说。

佛告四天王：善哉善哉！吾今为汝及未来、现在天人众等广利益故，说地藏菩萨于娑婆世界阎浮提内，生死道中，慈哀救拔度脱一切罪苦众生，方便之事。

四天王言：唯然世尊，愿乐欲闻。

佛告四天王：地藏菩萨久远劫来，迄至于今，度脱众生，犹未毕愿。慈愍此世罪苦众生，复观未来无量劫中，因蔓不断，以是之故，又发重愿。如是菩萨，于娑婆世界阎浮提中，百千万亿方便，而为教化。

四天王，地藏菩萨若遇杀生者，说宿殃短命报。若遇窃盗者，说贫穷苦楚报。若遇邪淫者，说雀鸽鸳鸯报。若遇恶口者，说眷属斗诤报。若遇毁谤者，说无舌疮口报。若遇嗔恚者，说丑陋癃残报。若遇悭吝者，说所求违愿报。若遇饮食无度者，说饥渴咽病报。若遇畋猎恣情者，说惊狂丧命报。若遇悖逆父母者，说天地灾杀报。若遇烧山林木者，说狂迷取死报。若遇前后父母恶毒者，说返生鞭挞现受报。若遇网捕生雏者，说骨肉分离报。若遇毁谤三宝者，说盲聋喑痖报。若遇轻法慢教者，说永处恶道报。若遇破用常住者，说亿劫轮回地狱报。若遇污梵诬僧者，说永在畜生报。若遇汤火斩斫伤生者，说轮回递偿报。若遇破戒犯斋者，说禽兽饥饿报。若遇非理毁用者，说所求阙绝报。若遇吾我贡高者①，说卑使下贱报。若遇两舌斗乱者，说无舌百舌报。若遇邪见者，说边地受生报②。

如是等阎浮提众生，身口意业，恶习结果，百千报应，今粗略说。如是等阎浮提众生业感差别，地藏菩萨百千方便而教化之。是诸众生，先受如是等报，后堕地狱，动经劫数，无有出期。是故汝等护人护国，无令是诸众业迷惑众生。

四天王闻已，涕泪悲叹，合掌而退。

【注释】

①贡高：又作贡高我慢，自以为高人一等，倨傲自矜，侮慢他人。为五种根本烦恼（五盖：贪、嗔、痴、慢、疑）之一。

②边地：阎浮提洲之边隅，谓之边地。又指不能见闻佛法之边隅下贱之种族。

【译文】

这时，东西南北四大天王一起从座位上站起来，合掌作礼，向世尊白言：“世尊，地藏菩萨从久远的过去劫至今以来，一直发了这么多的宏誓大愿，为什么到现在还没有把众生度完，而要发更为广大的宏誓大愿呢？但愿世尊能为我们说说这其中的道理。”

佛告诉四天王说：“善哉善哉，我现在为你们、同时也是为未来的天界及人间的众生能得到广大的利益，来说说地藏菩萨在这娑婆世界阎浮提内的六道生死之中，是如何慈悲为怀，以他的智慧神通之力，运用种种方便法门，度脱一切罪苦众生的。”

四天王说：“是的，世尊，我们非常乐意听到这些事。”

佛告诉四天王说：“地藏菩萨从久远的大劫以来直到现在，一直在各个世界、各个生死道中辛勤地度脱众生，至今还没有了毕自己的宏誓大愿。因为悲悯这个世界的罪苦众生，同时也因为将来无量劫中，众生所作的恶因，就像藤蔓一样连绵不断，生生死死被业报所牵连，不能解脱，因此又再发宏誓重愿，要在娑婆世界阎浮提中，通过无量无数、百千万亿的方便法门，善巧地引导众生、教化众生。

“四天王，若遇到杀生的人，地藏菩萨就对他们说将会因杀生而短命的报应；若遇到偷盗的人，就对他们说受苦受穷的报应；若遇到犯不正当淫欲的人，就对他们说转生为雀、鸽、鸳鸯等鸟类的报应；若遇到恶口伤人的人，就对他们说家庭不和，亲属间相互争斗的报应；若遇到恶意毁谤他人的人，就对他们说缺舌、短舌、喑哑、生口疮等的报应；若遇到脾气暴躁的人，就对他们说生得丑陋残缺、四肢偏瘫的报应；若遇到小气吝惜的人，就对他们说常常不能如愿甚至事与愿违的报应；若遇到饮食没有节制、狂饮滥食的人，就对他们说饥饿、干渴或是咽喉得病的报应；若遇到经常打猎、杀生无度的人，就对他们说无端精神受刺激、突然害怕惊惶、突然如痴如狂想要自杀、终致丧命的报应；若遇到不孝父母，常常背逆父母的意愿，甚至打骂父母，加害父母的人，就对他们说因天地灾祸来夺取他生命的报应（如雷击、地震、掉崖、堕海等）；若遇到无故焚烧山林树木的人，就对他们说突然的精神错乱、癫狂痴乱最终导致死亡的报应；若遇到继父母，心不公平，残酷虐待非亲生子女，就对他们说，来生将要反过来投生为他们（非亲生子女）的儿女，也要受到现在这样的鞭打与虐待；若遇到用种种机关网罟捕捉幼禽雏鸟的人，就对他们说将要受到骨肉分离、亲人离散的报应；若遇到毁谤佛、法、僧三宝的人，就对他们说将要受到眼瞎、耳聋、哑巴的报应；若遇到轻视佛法、欺慢佛教的人，就对他们说将会永远流转在恶道的报应；若遇到毁损、私用三宝财物的人，就对他们说将会得到千百亿劫永远轮回在地狱的报应；若遇到破坏僧尼清净梵行或是冤枉陷害僧人的人，就对他们说将会得到永远轮回在畜生道的报应；若遇到用开水、大火、刀斧杀伤生命的人，就对他们说将会得到轮回流转、相互烧杀的报应，或是自己投生畜生道遭报，或是成为战争中遇难者；若遇到犯戒破斋的人，就对他们说将会得到投生到禽兽道中受种种惊吓、鞭挞、劳苦、饥渴的报应；若遇到不知节约，随意浪费，挥霍无度的人，就对他们说将会得到在将来求什么都不会如愿的报应；若遇到自高自大、自以为了不起而轻视他人的人，就对他们说将会得到来生作下贱人，被人使唤、辱骂的报应；若遇到搬弄是非，挑拨他人争斗的人，就对他们说将会投生到没有舌头或是以舌为生的畜生道中去（如蚯蚓之类无舌，如黄莺、鹦鹉之类学舌）的报应。若遇到有邪见的众生，就会对他们说来世将会投生到边远荒蛮之地，无缘听受佛法的报应。

“像以上所说的阎浮提众生，由于身口意三业所造，结成种种恶果，形成百千万种各各不同的报应，今天只是粗略地说个大概。虽然阎浮提众生造业多端，而感应到千差万别的各种果报，地藏菩萨总是以他智慧神通，方便之力千方百计地化导他们。凡是犯了以上种种恶业的众生，先是受到上述提到的种种报应，然后还有可能堕入地狱，经过无数大劫的时间，罪业都还无法了结，一时半刻不要想有脱离地狱的指望。正因为如此，四天王，你们既然担当了护人、护国的职责，就应当协助地藏菩萨一起来教化众生，不要让这众多的恶习、罪业迷惑了众生。”

四大天王听了佛陀的教示与嘱托，不禁泪流满面，悲叹不已，恭敬地向世尊合掌顶礼，退回到自己的座位中去了。

卷中

地狱名号品第五

本品讲述了普贤菩萨请地藏菩萨为与会的天龙四众，及未来现在一切众生讲一讲阎浮提世界的地狱名号及恶报等事，以使未来世末法众生，知道因果报应的真实不虚。地藏菩萨受请为大众略说了地狱名号，指出地狱的无量苦报皆是众生业力所感，“业力甚大，能敌须弥，能深巨海，能障圣道”，因此，众生不要以为偶尔做一点小小的恶事没有罪过，死后有报，纤毫受之，父子至亲，无肯代受。地狱之苦，若广为解说，穷劫不尽。

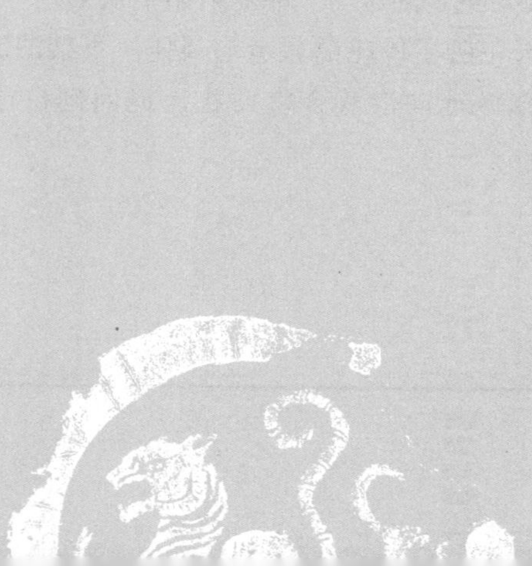

尔时普贤菩萨摩诃萨白地藏菩萨言[1]：仁者[2]，愿为天龙四众，及未来、现在一切众生，说娑婆世界及阎浮提罪苦众生，所受报处、地狱名号及恶报等事。使未来世末法众生[3]，知是果报。

地藏答言：仁者，我今承佛威神，及大士之力[4]，略说地狱名号，及罪报、恶报之事。仁者，阎浮提东方有山，号曰铁围，其山黑邃，无日月光。有大地狱，号极无间。又有地狱，名大阿鼻[5]。复有地狱，名曰四角。复有地狱，名曰飞刀。复有地狱，名曰火箭。复有地狱，名曰夹山。复有地狱，名曰通枪。复有地狱，名曰铁车。复有地狱，名曰铁床。复有地狱，名曰铁牛。复有地狱，名曰铁衣。复有地狱，名曰千刃。复有地狱，名曰铁驴。复有地狱，名曰烊铜。复有地狱，名曰抱柱。复有地狱，名曰流火。复有地狱，名曰耕舌。复有地狱，名曰锉首。复有地狱，名曰烧脚。复有地狱，名曰啖眼。复有地狱，名曰铁丸。复有地狱，名曰诤论。复有地狱，名曰铁鈇。复有地狱，名曰多嗔。

地藏白言：仁者，铁围之内，有如是等地狱，其数无限。更有叫唤地狱、拔舌地狱、粪尿地狱、铜锁地狱、火象地狱、火狗地狱、火马地狱、火牛地狱、火山地狱、火石地狱、火床地狱、火梁地狱、火鹰地狱、锯牙地狱、剥皮地狱、饮血地狱、烧手地狱、烧脚地狱、倒刺地狱、火屋地狱、铁屋地狱、火狼地狱，如是等地狱。其中各各复有诸小地狱，或一或二，或三或四，乃至百千，其中名号，各各不同。

地藏菩萨告普贤菩萨言：仁者，此者皆是南阎浮提行恶众生，业感如是。业力甚大，能敌须弥，能深巨海，能障圣道。是故众生，莫轻小恶，以为无罪。死后有报，纤毫受之。父子至亲，歧路各别，纵然相逢，无肯代受。我今承佛威力，略说地狱罪报之事，唯愿仁者暂听是言。

普贤答言：吾已久知三恶道报，望仁者说，令后世末法一切恶行众生，闻仁者说，使令归佛。

地藏白言：仁者，地狱罪报，其事如是：或有地狱，取罪人舌，使牛耕之。或有地狱，取罪人心，夜叉食之。或有地狱，镬汤盛沸，煮罪人身。或有地狱，赤烧铜柱，使罪人抱。或有地狱，使诸火烧，趁及罪人。或有地狱，一向寒冰。或有地狱，无限粪尿。或有地狱，纯飞蒺藜。或有地狱，多攒火枪。或有地狱，唯撞胸背。或有地狱，但烧手足。或有地狱，盘缴铁蛇。或有地狱，驱逐铁狗。或有地狱，尽驾铁骡。

仁者，如是等报，各各狱中，有百千种业道之器，无非是铜、是铁、是石、是火，此四种物，众业行感。若广说地狱罪报等事，一一狱中，更有百千种苦楚，何况多狱。我今承佛威神及仁者问，略说如是。若广解说，穷劫不尽。

【注释】

①普贤菩萨：梵文 Samantabhadra，音译为“三曼多跋陀罗”，即普遍贤善的意思，中国佛教四大菩萨之一。普贤菩萨是大乘佛教之行愿的象征，他曾经在过去无量劫中，行菩萨行、求一切智，修集了菩萨救护众生的无边行愿。因此，他也是大乘佛教徒在实践菩萨道时的行为典范。他和文殊菩萨一起，作为释迦牟尼佛的胁侍菩萨，一个象征智慧（文殊），一个象征真理（普贤）——其塑像多骑白象。在《华严经》里，普贤菩萨劝人广修十大行愿，此即礼敬诸佛、称赞如来、广修供养、忏悔业障、随喜功德、请转法轮、请佛住世、常随佛学、恒顺众生、普皆回向等十项，普贤菩萨以此十愿为众生成就如来功德的主要法门。我国四川省的峨眉山，相传即为普贤菩萨应化的道场，是我国普贤信仰的中心所在。

②仁者：系菩萨与菩萨之间的敬称。

③末法：相对于正法、像法而言，指佛法衰颓之时代。关于末法之时限，有若干异说。若正法、像法各一千年，则佛灭满二千年以后为末法时期；若正法、像法各五百年，则佛灭一千年以后为末法时期；若正法五百年、像法一千年，则末法为佛灭一千五百年以后。末法时期，众生根机渐次低下，虽有如来教法而无行证者。

④大士：菩萨的通称。士者凡夫之通称，区别于凡夫

而称为大。又，士者事也，为自利利他之大事者，谓之大士。

⑤阿鼻：梵文Avīci的音译，又作阿鼻旨，汉译为无间，这是最低的地狱，称阿鼻地狱、无间地狱，略称阿鼻狱，为八大地狱之一，是诸地狱中最苦者。有情众生犯了五逆、谤法的重罪，便要堕落到这个地方。由于在阿鼻地狱受苦之众生皆不堪种种煎熬而痛苦叫唤，故此处又称阿鼻叫唤地狱。又因阿鼻之猛火烧人，而称阿鼻焦热地狱。又阿鼻地狱极广漠，非凡力所能脱出，其坚固犹如大城堡，故亦称阿鼻大城。

【译文】

这时，普贤菩萨摩诃萨见教化众生机缘成熟，起来向地藏菩萨说："仁者，请您为天龙四众以及未来、现在的一切众生说一说娑婆世界及阎浮提罪苦众生所受业报的地方、地狱的名称以及恶报的各种情况。使得未来世的末法众生能明了这些果报，心有所惧而免造种种恶业。"

地藏菩萨回答说："仁者，我现在承蒙佛的威神之力以及大士您的慈悲愿力，在这里简略地说一说地狱的名称以及罪报恶报等情形。仁者，在阎浮提的东方有一座山，名叫铁围山，这座山长年累月黑暗幽深，是日月的光明永远照不到的地方。其中有个大地狱，名字叫极无间；又有地狱，名叫大阿鼻；又有地狱，名叫四角；又有地狱，名叫飞刀；又有地狱，名叫火箭；又有地狱，名叫夹山；又有地狱，名叫通枪；又有地狱，名叫铁车；又有地狱，名叫铁床；又有地狱，名叫铁牛；又有地狱，名叫铁衣；又有地狱，名叫千刃；又有地狱，名叫铁驴；又有地狱，名叫烊铜；又有地狱，名叫抱柱；又有地狱，名叫流火；又有地狱，名叫耕舌；又有地狱，名叫锉首；又有地狱，名叫烧脚；又有地狱，名叫啖眼；又有地狱，名叫铁丸；又有地狱，名叫诤论；又有地狱，名叫铁鈇；又有地狱，名叫多嗔。”

地藏菩萨接着说：“仁者！铁围山内的地狱其数之多，是数都数不过来的。更有称为叫唤地狱、拔舌地狱、粪尿地狱、铜锁地狱、火象地狱、火狗地狱、火马地狱、火牛地狱、火山地狱、火石地狱、火床地狱、火梁地狱、火鹰地狱、锯牙地狱、剥皮地狱、饮血地狱、烧手地狱、烧脚地狱、倒刺地狱、火屋地狱、铁屋地狱、火狼地狱等许多地狱。在这些地狱中，有的还包括各种小地狱，有一个两个，三个四个不等，乃至包括成百上千个小地狱，这些小地狱的名称也都不相同。”

地藏菩萨进一步告诉普贤菩萨说：“仁者！这许多的地狱，都是南阎浮提作恶众生的恶业所感应而形成的。业力之大不可思议，其高大要超过须弥山，其深广如大海水，它能障碍众生修习佛法圣道。业力的作用如此巨大，因此一切有情众生千万不要轻视那些小小的过恶，以为不算什么。要知道一切罪业在死后都有报应，哪怕是一丝一毫也不会空过。即使如父子一般的至亲骨肉，在黄泉路上，按照各人的业力，各走各的路，即使是偶然碰到了，也是相见不相识，更不用说代为受罪了。我如今承佛威神之力，在这里将地狱中罪恶报应的具体情形大略再说一下，请仁者耐心再听我讲述一番。”

普贤菩萨回答说：“我早已知道三恶道由恶业所感的苦报有多么深重，希望仁者再讲述一遍，以使后世末法时期一切造恶的众生，有机会听到这些以后，明了因果报应真实不虚，从而发心皈依佛法，永离恶道！”

地藏菩萨讲：“仁者！地狱里罪报的情形大致上是这样的：或有地狱，拔出罪人的舌头，让牛用犁来耕它；或有地狱，挖出罪人的心脏，让夜叉来吞食；或有地狱，在大铁锅里装满了沸腾的开水，把罪人放到里面去煮；或有地狱，把铜柱烧得通红，让罪人抱；或有地狱，遍地都是大火，追赶着焚烧那些罪人；或有地狱，终年寒冰不化，永远是寒天冻地；或有地狱，到处都是恶臭冲天的粪尿；或有地狱，空中到处飞撞着铁蒺藜；或有地狱，烧红铁枪横冲直撞；或有地狱，大铁锤不停地撞击罪人的胸背；或有地狱，地面全都是烧红的铁板，让罪人无法落脚；或有地狱，到处爬满了铁蛇，缠绕在罪人的颈项上；或有地狱，满地奔跑着铁狗，追逐撕咬着罪人；或有地狱，让罪人骑在铁骡背上上下颠簸……

“仁者！如此这般的报应，在各种各样的地狱中，有百千种。无论地狱中刑具有多少种，无非都是由以下这四种材料构成的：那就是铜、铁、石、火之类的东西。这四种东西正是同众生造恶的心一一对应，是由众生的罪业所感召的。如果要详细地说清地狱里种种罪报的情形，那么在每一个或大或小的地狱中，都有说不完的百千种痛苦之事，更何况有无量无数的地狱啊。我如今承蒙佛的威神之力和仁者的方便提问，借此因缘大略地讲述了地狱罪报的情形。如果要想把所有地狱以及每个地狱的种种苦处都说出来的话，那即使穷尽一劫的时间，也是说不完的。”

如来赞叹品第六

在本品中，世尊放大光明，出大音声，称扬赞叹地藏菩萨以大不可思议威神慈悲之力，救护一切罪苦众生，并为普广菩萨及与会四众等略说了地藏菩萨利益人天的福德之事。若有众生闻地藏菩萨名，见地藏菩萨像，或合掌赞叹，礼敬恋慕；或彩画形像，尽心供养；或执持名号，转读尊经，皆获现在未来无量无边之利。世尊告诉普广菩萨，此经有三名：一名地藏本愿、一名地藏本行、一名地藏本誓力经，并嘱诸菩萨依愿流布，使众生获大利益。

尔时世尊举身放大光明，遍照百千万亿恒河沙等诸佛世界。出大音声，普告诸佛世界一切诸菩萨摩诃萨，及天龙鬼神、人非人等[1]：听吾今日称扬赞叹地藏菩萨摩诃萨，于十方世界，现大不可思议威神慈悲之力，救护一切罪苦之事。吾灭度后[2]，汝等诸菩萨大士，及天龙鬼神等，广作方便，卫护是经，令一切众生证涅槃乐。

说是语已，会中有一菩萨，名曰普广[3]，合掌恭敬而白佛言：今见世尊赞叹地藏菩萨，有如是不可思议大威神德。唯愿世尊，为未来世末法众生，宣说地藏菩萨利益人天因果等事，使诸天龙八部，及未来世众生，顶受佛语。

尔时世尊告普广菩萨及四众等：谛听谛听，吾当为汝略说地藏菩萨利益人天福德之事。

普广白言：唯然世尊，愿乐欲闻。

佛告普广菩萨：未来世中，若有善男子善女人，闻是地藏菩萨摩诃萨名者，或合掌者、赞叹者、作礼者、恋慕者，是人超越三十劫罪。

普广，若有善男子善女人，或彩画形像，或土石胶漆、金银铜铁，作此菩萨，一瞻一礼者，是人百返生于三十三天，永不堕于恶道。假如天福尽故，下生人间，犹为国王，不失大利。

若有女人，厌女人身，尽心供养地藏菩萨画像，及土石胶漆铜铁等像，如是日日不退，常以华香、饮食、衣服、缯彩、幢幡、钱宝物等供养。是善女人，尽此一报女身，百千万劫，更不生有女人世界，何况复受。除非慈愿力故，要受女身，度脱众生。承斯供养地藏力故，及功德力，百千万劫不受女身。

复次普广，若有女人，厌是丑陋多疾病者。但于地藏像前，志心瞻礼食顷之间，是人千万劫中，所受生身，相貌圆满。是丑陋女人，如不厌女身，即百千万亿生中，常为王女，乃及王妃，宰辅大姓、大长者女，端正受生，诸相圆满。由志心故，瞻礼地藏菩萨，获福如是。

复次普广，若有善男子善女人，能对菩萨像前，作诸伎乐，及歌咏赞叹、香华供养，乃至劝于一人多人。如是等辈，现在世中，及未来世，常得百千鬼神日夜卫护，不令恶事辄闻其耳，何况亲受诸横。

复次普广，未来世中，若有恶人，及恶神、恶鬼，见有善男子善女人归敬、供养、赞叹、瞻礼地藏菩萨形像，或妄生讥毁、谤无功德及利益事，或露齿笑，或背面非，或劝人共非，或一人非，或多人非，乃至一念生讥毁者。如是之人，贤劫千佛灭度[4]，讥毁之报，尚在阿鼻地狱，受极重罪。过是劫已，方受饿鬼。又经千劫，复受畜生。又经千劫，方得人身。纵受人身，贫穷下贱，诸根不具，多被恶业来结其心，不久之间，复堕恶道。是故普广，讥毁他人供养，尚获此报，何况别生恶见毁灭。

复次普广，若未来世，有男子女人，久处床枕，求生求死，了不可得。或夜梦恶鬼，乃及家亲，或游险道，或多魇寐[5]，共鬼神游。日月岁深，转复尪瘵[6]，眠中叫苦，惨凄不乐者。此皆是业道论对，未定轻重，或难舍寿，或不得愈。男女俗眼，不辨是事。但当对诸佛菩萨像前，高声转读此经一遍。或取病人可爱之物，或衣服、宝贝、庄园、舍宅，对病人前，高声唱言：我某甲等，为是病人，对经像前舍诸等物，或供养经像，或造佛菩萨形像，或造塔寺，或燃油灯，或施常住。如是三白病人，遣令闻知。假令诸识分散，至气尽者，乃至一日、二日、三日、四日至七日以来，但高声白、高声读经，是人命终之后，宿殃重罪，至于五无间罪[7]，永得解脱；所受生处，常知宿命。何况善男子善女人，自书此经，或教人书，或自塑画菩萨形像，乃至教人塑画，所受果报，必获大利。是故普广，若见有人读诵是经，乃至一念赞叹是经，或恭敬者。汝须百千方便，劝是等人，勤心莫退，能得未来、现在千万亿不可思议功德。

复次普广，若未来世诸众生等，或梦或寐，见诸鬼神，乃及诸形，或悲或啼，或愁或叹，或恐或怖。此皆是一生、十生、百生、千生过去父母、男女、弟妹、夫妻、眷属，在于恶趣，未得出离，无处希望福力救拔，当告宿世骨肉，使作方便，愿离恶道。普广，汝以神力，遣是眷属，令对诸佛菩萨像前，志心自读此经，或请人读，其数三遍或七遍。如是恶道眷属，经声毕是遍数，当得解脱，乃至梦寐之中，永不复见。

复次普广，若未来世，有诸下贱等人，或奴或婢，乃至诸不自由之人，觉知宿业，要忏悔者，志心瞻礼地藏菩萨形像，乃至一七日中，念菩萨名，可满万遍。如是等人，尽此报后，千万生中，常生尊贵，更不经三恶道苦。

复次普广，若未来世中，阎浮提内，刹利、婆罗门、长者、居士、一切人等，及异姓种族，有新产者，或男或女。七日之中，早与读诵此不思议经典，更为念菩萨名，可满万遍。是新生子，或男或女，宿有殃报，便得解脱，安乐易养，寿命增长。若是承福生者，转增安乐，及与寿命。

复次普广，若未来世众生，于月一日、八日、十四日、十五日、十八日、二十三、二十四、二十八、二十九日、乃至三十日，是诸日等，诸罪结集，定其轻重。南阎浮提众生，举止动念，无不是业，无不是罪。何况恣情杀害、窃盗、邪淫、妄语，百千罪状。能于是十斋日[8]，对佛菩萨、诸贤圣像前，读是经一遍，东、西、南、北百由旬内，无诸灾难。当此居家，若长若幼，现在、未来百千岁中，永离恶趣。能于十斋日每转一遍，现世令此居家，无诸横病，衣食丰溢。

是故普广，当知地藏菩萨，有如是等不可说百千万亿大威神力利益之事。阎浮众生，于此大士，有大因缘。是诸众生，闻菩萨名，见菩萨像，乃至闻是经三字五字，或一偈一句者⑨，现在殊妙安乐，未来之世，百千万生，常得端正，生尊贵家。

尔时普广菩萨，闻佛如来称扬赞叹地藏菩萨已，胡跪合掌⑩，复白佛言：世尊，我久知是大士有如此不可思议神力，及大誓愿力，为未来众生遣知利益，故问如来，唯然顶受。世尊，当何名此经？使我云何流布？

佛告普广：此经有三名，一名地藏本愿⑪，亦名地藏本行⑫，亦名地藏本誓力经⑬。缘此菩萨久远劫来发大重愿，利益众生，是故汝等，依愿流布。

普广闻已，合掌恭敬，作礼而退。

【注释】

①人非人：人与非人之并称。非人，指人类以外的某类众生。佛典当中对“非人”的解释，所说并非完全相同。有时指天、龙、阿修罗等八部众；有时也包括地狱、饿鬼等众生；有时专指鬼神所幻化而成的“变化人”，彼等虽非人类，然参诣佛陀时，皆现人形。

②灭度：即涅槃之别称。所谓灭度者，灭生死之因果，渡烦恼之瀑流，是灭即度也。

③普广：谓此菩萨智满法界为普，行满虚空为广，故

名普广。

④贤劫：为佛典中所述之宇宙循环过程中之一阶段。指过去、现在、未来三阶段中之“现在住劫”而言。依佛典所载，现在大劫有成、住、异、灭四劫，其中住劫有千佛等贤圣出世救度众生，故称贤劫。又据《三千佛名经》记载，过去千佛之世称为庄严劫，现在千佛之世称为贤劫，未来千佛之世称为星宿劫。

⑤魇（yǎn）寐：即夜梦不安，睡梦中受到惊吓而喊叫，或觉得有东西压在身上，不能动弹。

⑥尪瘵（wāngzhài）：衰病。尪，胸背弯曲或瘦弱。瘵，是五痨七伤等病。

⑦五无间罪：五种重大的罪过，又称五逆或五逆罪。这即是杀父、杀母、杀阿罗汉、伤佛身体使流血、破坏僧团的团结等。犯了这些罪，要堕入无间地狱。

⑧斋：梵文 Uposadha，清净之意，谓忏悔罪障，或谓谨言慎行、斋戒沐浴。佛教未创之前，印度早已使用此语，佛教沿用后逐渐衍生成各种不同意义，如过午不食。斋食即正午以前所作的食事。在戒律上，食时分时与非时。正午以前为时，以后为非时，时则宜进食，非时则不宜进食。故在时中的食事为斋食，或斋法。再如，在家信徒于六斋日（每月之一、八、十四、十五、二十三、三十日）谨守八斋戒，过着近似出家的清净生活，这是斋的本义，守之即称持斋。丛林中白天所食之米饭曰斋，

又称斋食，其后又转指素食为斋。

⑨偈（jì）：梵文 Gāthā，音译为伽陀、偈他，即诗、颂。在佛教经、律、论中，通常会使用诗句、韵文的形式来表达思想，通常以四句为一偈。中国佛教的禅宗，也常有禅师将其悟境以偈颂的形式表现出来。

⑩胡跪：胡人之跪拜，又作胡跽。关于胡跪之相有种种说法：（一）谓胡跪乃胡人之敬相，跽即印度屈膝之相，是唯屈膝便称胡跪。（二）指长跪，谓双膝着地，竖两足以支身。（三）指互跪，即右膝着地，竖左膝危坐。盖古时印度、西域地方总称为胡，故胡跪乃意味一般胡人跪拜之敬仪。长跪、互跪亦通称胡跪，而以经中所说右膝着地者为正仪。

⑪本愿：即佛及菩萨于过去世未成佛果以前为救度众生所发起之誓愿。于因位发愿至今日得其果，故对果位而称本愿。又“本”作根本解，虽然菩萨之心广大，誓愿亦无量，唯以此愿为根本，故称“本愿”。本愿又有总愿与别愿之分。所谓总愿，指四弘誓愿，即众生无边誓愿度，烦恼无尽誓愿断，法门无量誓愿学，佛道无上誓愿成，这是所有大乘菩萨皆应牢记与实践的。所谓别愿，指佛、菩萨由各自之意乐所立之誓愿，如阿弥陀佛有异于他佛之四十八愿，药师佛亦有十二愿。本经中地藏菩萨所发“地狱不空，誓不成佛”之大愿，可视为地藏菩萨的别愿，因此佛说本经有三种名称，因地藏菩萨利益众生之大愿尤其殊胜，故现在本经的经名，只

取本愿。

⑫本行：行，即对于知解言说之实地践行。本行，指菩萨成佛以前在因位时的行迹，也就是成佛之因的根本行法。

⑬本誓力：即本愿与本行两者的共同作用。有愿而无行，其愿要落空，无所成就。有行而无愿，其行是盲行，没有结果。所以愿必赅行，行必赅愿，誓力即是愿行。

【译文】

这时，世尊全身放射出巨大的光辉，遍照无量百千万亿恒河沙数的佛世界，并以大音声普告诸佛世界中的一切诸菩萨摩诃萨，以及天众、龙众、鬼神等众及人类、非人类等一切众生：“在座大众，你们都听到了我刚才称扬赞叹地藏菩萨摩诃萨能在十方世界，以不可思议的慈悲威神之力，为了满足历劫所发的种种宏誓大愿、救护十方一切罪苦众生的度生事业。我灭度后，你们这些菩萨大士以及天、龙、鬼神等大众，应当以种种方便、种种善巧来卫护这部经，使一切众生能通过这部经的教导，如法修行，而证得永断生死的涅槃之乐。”

佛说完这些话之后，忉利天宫大会上有一位菩萨，名字叫普广，从座位上起身，恭敬合掌对佛说：“世尊，今天听到世尊称扬赞叹地藏菩萨有种种不可思议的大威神、大福德、大神通之力。惟愿世尊为后世的末法众生宣讲一下地藏菩萨利益人天的因果之事，使天龙八部和未来世的一切众生能明了因果，领受佛的言教，依照佛法来修行。”

这时，佛告诉普广菩萨及在座的人、天、龙、鬼等与会四众说：“你们仔细倾听，我现在就为你们简略地说一说地藏菩萨利益人天，使他们都得到种种福德的事迹。”

普广菩萨欢喜地说：“请世尊讲说，我们大家都很想听到地藏菩萨利益人天的因果等事。”

佛就告诉普广菩萨说：“在未来世中，倘若有善男子、善女人有缘听到地藏菩萨名号，继而能以恭敬心、欢喜心、虔诚心，合掌、赞叹、礼拜、仰慕地藏菩萨，以此恭敬地藏菩萨的功德，就可以超脱三十大劫的生死重罪。

“普广，若有善男子、善女人，或是自画、或是请人画，彩绘地藏菩萨的形像；或者用土、石、胶、漆或金、银、铜、铁等材料雕塑地藏菩萨的形像，恭敬瞻礼，哪怕仅有一瞻一礼，以此塑画地藏菩萨，瞻仰礼拜的功德，就可以一百次托生于三十三天享受天福，永远不会堕落到三恶道中去。假如天福享尽之时，下生到人间来的话，还可以在人间做国王，不会失去人中的利益福报。

“如果有女人，厌恶自己的女人之身，只要至心诚意地用种种庄严供具来供养菩萨的画像或土石、胶漆、铜铁铸成的塑像，从初发心到临命终，天天如此，一天不缺地用鲜花、香烛、饮食、衣服、丝绸、幢幡、钱财、珍宝等供养地藏菩萨。那么在舍去了这一世的女人之身以后，百千万劫都不会投生到有女人的世界里去，更不用说自己再受女身了。除非发下利益众生的大愿，以慈悲心去救度那些受苦受罪的女人们，自己愿意化作女身去度脱众生。此女人承受了供养菩萨福力的缘故，以及功德的力量，经百千万劫，再也不会受报女人身了。

“另外，普广，倘若有的女人，由于宿世的业障，今世生得丑陋、又疾病缠身的，只要在地藏菩萨像前至心诚意瞻仰礼拜，哪怕只有一顿饭的功夫，以此功德，她也会在以后的百千万劫当中所受的生身相貌圆满，令人欢喜爱敬。如果她愿意在未来世中继续作女人的话，也可以藉此礼敬功德，在未来的百千万亿生中，托生于帝王之家做公主或王妃，或者投生为宰相、官员等大户人家的千金小姐，从一生下来便健康有福，美貌端正。这都是由于以志诚心瞻仰礼拜地藏菩萨的功德才获得的福报。

“还有，普广，倘若有善男子、善女人，能够在地藏菩萨像前，或是亲自，或是请人，演奏种种高雅、美妙的音乐，以歌唱、朗诵来赞叹地藏菩萨的功德，以种种妙好的香华等供养菩萨，不仅自己这么做，还劝他人乃至多人也这么做。像这样的人，在现在世及未来世中，常常会得到百千的鬼神日夜保护，不让任何恶事来干扰他，甚至连恶事之名也无法听到，更不用说亲自遭受种种苦楚与横祸了。

“另外，普广，在未来世中，倘若有恶人或恶神恶鬼，看见善男子、善女人皈依、供养、赞叹、瞻礼地藏菩萨的形像，不随喜赞叹，反而讥笑毁谤，说这是没有任何功德与利益的。要么当面哈哈大笑，要么在背后冷嘲热讽，要么挑唆旁人或许多人一起诽谤。像这样的恶人、恶神、恶鬼，哪怕只是生起一念讥毁之心的，直到贤劫中最后的第一千位佛灭度了，其因讥毁他人供养地藏菩萨功德所生的罪报，还会令他在阿鼻地狱里受极重的罪。过了地狱罪报的劫数之后，方能从地狱中出，转到饿鬼道中受苦；在饿鬼道中经过一千大劫之后，转到畜生道中受苦；在畜生道中经过一千大劫之后，方才得到人身。即使得到人身，也是个贫穷下贱、六根残缺，一辈子经常碰到恶报，怨家、疾病、劳苦、贫穷追随一生。不久之后，由于恶业结集，又会再次堕落到恶道中去，轮回不息。因此，普广你看，讥笑毁谤他人供养地藏菩萨的罪业，尚且要得到这么重的报应，更何况自己产生别的种种阴险邪恶的念头，去诽谤损毁佛法呢。

“还有，普广，在将来世中，若有男子或女人，长时间地卧病在床，被折磨得求生不得，求死不能。或常常在夜里梦见恶鬼；或见到已故的亲人；或于梦中在危险的地方奔波；或是梦中被恶鬼扑身，吓得惊醒过来；或是被恶鬼缠缚，与之同行，这样日复一日，年复一年，年久岁深，病入膏肓，骨瘦如柴，在梦中叫苦叫痛，悲惨之极。这都是因为之前曾造了种种恶业，到了临欲命终之时，各种业力相互较量，而未来的去向悬而未决，所以长期卧病在床，一时难以命绝，其病又久久不得痊愈。这其中的原由，以世间男女的俗眼，又如何能够明辨通晓呢？遇到这种情况，其家人应当赶紧在诸佛菩萨的像前，恭敬至诚地高声朗读此经一遍。同时，拿出病人最喜欢的东西，如衣服、宝贝，或是舍出自己部分的庄园、房舍，在病人面前大声宣布：我某某人，替这位病人，在佛经、佛像前诚心作此布施，或是用这些钱塑画佛菩萨形像，或是用这些钱造塔、造寺，或是用这些钱来燃灯供佛，或是用这些钱供养寺院、三宝常住。像这样在病人面前再三陈说，一定要让他清醒地意识到有人在替他作这样的功德。倘若病人已经神识昏迷失去知觉，或者已经命终气绝，那么，在一天、两天、三天、四天乃至七天之内，仍然要这样不断地高声念经，高声向病人表白。病人在命终之后，所有过去所犯下的祸殃与重罪，甚至于应堕落无间地狱的深重罪业，也能够得到永远的解脱，并且在以后所生的各世里，常常还知道过去世因果报应的情形。如果善男子、善女人能于身强体健之时，自己抄写或请别人代为抄写此经；自己塑画或是请人代为塑画地藏菩萨形像，必定能获善果，其功德利益是很大的。因此，普广，倘若见到有人读诵这部经，哪怕只是生起一念恭敬赞叹此经之心，你一定要以百千种方便来劝说这些人，千万不要退失这宝贵的初发心，而是应当勤勤恳恳、持之以恒地恭敬赞叹、受持、读诵这部经，这样做，可以得到在现在和未来千万亿不可思议的功德！

“还有，普广，倘若在未来世里有些众生，在梦中见到种种鬼神及其它种种形状的众生，有的悲伤，有的啼哭，有的忧愁，有的恐惧，这些都是他们以前一生、十生、百生、千生中的父母、兄弟、姐妹、夫妻、亲戚、朋友等堕落在恶趣中得不到解脱，希望这些众生，能做种种功德来超度他们。普广，你应当以神力方便，劝导这些众生做种种功德以使过去的亲人能够脱离恶道。恭敬地对佛菩萨像前，志诚恳切地读诵，或请人代读这部不可思议的经典，三遍或七遍。果真能这么做的话，那些身处恶道当中受苦渴望救拔的眷属，等到上述遍数的经文读诵完毕之后，当即可以得到解脱，在今后的梦里也再不会遇见了。

“另外，普广，倘若在将来世中，有些人身处下贱，或当男仆，或当女婢，以及因各种原因失去自由的人，觉悟到这种痛苦来自于过去世所造的恶业，想要诚心忏悔时，可以恭敬瞻礼地藏菩萨的形像，在一到七天之中，每日称念地藏菩萨名号满一万遍。果真能这么做的话，他们在结束了这一世的报身寿命之后，未来千万生中，都能够投生到尊贵的家庭里，再不会到三恶道里去受苦。

“再有，普广，在未来世中阎浮提内，刹帝利、婆罗门、长者、居士等一切人等还是其它异姓的种族，如果有新生儿降生，无论是男是女，在生后的头一个七天中，应当尽早为他（或她）读诵这部不可思议的经典，同时称念地藏菩萨的名号满一万遍。那么，这新生的男婴或女婴，倘若过去世有罪报的话，便可藉此功德得以解脱，使他们在成长过程中健康安乐，容易养育，寿命增长。倘若这孩子本来就是有福之人，那么，藉此功德，其寿命与福报也能大大地增长。

“还有，普广，未来世的众生在每月的十斋日，即初一、初八、十四、十五、十八、二十三、二十四、二十八、二十九及三十日，都应当斋戒为善。因为这几个日子是各路神祇对阎浮提众生所犯的一切罪业清算定罪的时间。南阎浮提众生，举心动念，所作所为，可以说没有一件不是业、没有一件不是罪的，更何况那些不信因果的众生随心所欲地造下杀生、偷盗、邪淫、妄语、两舌、恶口等百千罪业。倘若能在这十斋日里，对诸佛菩萨或罗汉、辟支佛等贤圣像前读诵一遍地藏经，那么，居家东西南北一百由旬的范围内，都将没有灾难，家庭成员无论男女老少，在未来的百千年中永离种种恶道之苦。若能在这十斋日里每天念一遍地藏经，在现在世，可以使家人远离种种横病，衣食丰盈有余。

“所以，普广，你现在应当知道了地藏菩萨有百千万亿威神方便之力来利益众生。阎浮提的众生，同这位大菩萨有很深的因缘。这些众生，听到地藏菩萨的名号，见到地藏菩萨的形像，哪怕能听到这部经的三字、五字，或一句、一偈的话，在现在世可以得到殊胜微妙的安乐，在将来世的百千万生里，常能生得相貌端庄，投生于尊贵之家。”

这时，普广菩萨在听了佛称扬赞叹地藏菩萨之后，右膝着地，恭敬合掌再对佛说：“世尊，我早就知道地藏菩萨有如此不可思议的神通誓愿之力，为了使未来世的众生能有机会知道地藏菩萨利益众生的种种功德利益之事，所以才请问如来的，当然会全心全意地信守奉行。世尊，应当如何称呼这部不可思议的经典？又应当如何让它得到更广泛的流通与传播呢？”

佛告诉普广菩萨说：“这部经有三个名称，可以叫做《地藏本愿》，也可以叫做《地藏本行》，还可以叫做《地藏本誓力经》。因为这位菩萨从久远的无量劫以来，一直发种种大誓愿来利益众生，因此你们应当依据地藏菩萨不可思议的大愿去弘扬、流通这部经。”

普广菩萨听了以后，恭敬合掌，向佛顶礼之后，退回到自己的座位去了。

利益存亡品第七

在本品中，地藏菩萨普劝众生修善，特别是临终之际，父母眷属，宜为设福。具体方法是或悬幡盖，或燃油灯，或转读尊经，或供养佛像，特别应大声称念佛菩萨名号，使临终之人闻在本识。七七日内，广造诸善，能使临终之人永离恶趣，得生人天，现在眷属也获利无量。接着，大辩长者请问荐亡的功德，地藏菩萨回答说，为临终之人所做的功德，“七分之中，而乃获一，六分功德，生者自利”。因此，未来现在的众生，在了知这些情形之后，应从现在起便精进修行，以免无常大鬼，不期而至，随业受报，堕入恶道，了无出期。

尔时地藏菩萨摩诃萨白佛言：世尊，我观是阎浮众生，举心动念，无非是罪。脱获善利，多退初心。若遇恶缘，念念增益[1]。是等辈人，如履泥途，负于重石，渐困渐重，足步深邃。若得遇知识，替与减负，或全与负。是知识有大力故，复相扶助，劝令牢脚，若达平地，须省恶路，无再经历。

世尊，习恶众生，从纤毫间，便至无量。是诸众生有如此习，临命终时，父母眷属宜为设福，以资前路。或悬幡盖[2]，及燃油灯；或转读尊经；或供养佛像，及诸圣像；乃至念佛菩萨及辟支佛名字，一名一号，历临终人耳根，或闻在本识[3]。是诸众生所造恶业，计其感果，必堕恶趣。缘是眷属为临终人修此圣因，如是众罪，悉皆消灭。若能更为身死之后，七七日内，广造众善，能使是诸众生永离恶趣，得生人天，受胜妙乐，现在眷属利益无量。

是故我今对佛世尊，及天龙八部、人非人等，劝于阎浮提众生，临终之日，慎勿杀害，及造恶缘，拜祭鬼神，求诸魍魉。何以故？尔所杀害，乃至拜祭，无纤毫之力利益亡人，但结罪缘，转增深重。假使来世，或现在生，得获圣分，生人天中，缘是临终被诸眷属造是恶因，亦令是命终人殃累对辩，晚生善处。何况临命终人，在生未曾有少善根，各据本业，自受恶趣，何忍眷属更为增业？譬如有人从远地来，绝粮三日，所负担物，强过百斤，忽遇邻人，更附少物，以是之故，转复困重。世尊，我观阎浮众生，但能于诸佛教中，乃至善事，一毛一渧、一沙一尘，如是利益，悉皆自得。

说是语时，会中有一长者，名曰大辩④，是长者久证无生⑤，化度十方，现长者身，合掌恭敬，问地藏菩萨言：大士，是南阎浮提众生，命终之后，小大眷属，为修功德，乃至设斋、造众善因，是命终人得大利益，及解脱否？

地藏答言：长者，我今为未来、现在一切众生，承佛威力，略说是事。长者，未来、现在诸众生等，临命终日，得闻一佛名、一菩萨名、一辟支佛名，不问有罪无罪，悉得解脱。若有男子女人，在生不修善因，多造众罪。命终之后，眷属小大为造福利、一切圣事，七分之中，而乃获一；六分功德，生者自利。以是之故，未来、现在善男女等，闻健自修，分分己获。

无常大鬼⑥，不期而到。冥冥游神，未知罪福。七七日内，如痴如聋。或在诸司，辩论业果，审定之后，据业受生。未测之间，千万愁苦，何况堕于诸恶趣等。是命终人，未得受生，在七七日内，念念之间，望诸骨肉眷属，与造福力救拔。过是日后，随业受报。若是罪人，动经千百岁中，无解脱日。若是五无间罪，堕大地狱，千劫万劫，永受众苦。

复次长者，如是罪业众生，命终之后，眷属骨肉为修营斋，资助业道。未斋食竟，及营斋之次，米泔菜叶，不弃于地；乃至诸食未献佛僧，勿得先食。如有违食及不精勤，是命终人，了不得力。如精勤护净，奉献佛僧，是命终人，七分获一。是故长者，阎浮众生，若能为其父母，乃至眷属，命终之后，设斋供养，志心勤恳。如是之人，存亡获利。

说是语时，忉利天宫有千万亿那由他阎浮鬼神，悉发无量菩提之心⑦。大辩长者，作礼而退。

【注释】

①念念：即刹那，意谓极其短暂的时间。经典中常以念念一词，形容现象界生、住、异、灭之迁流变化。

②幡盖：幡及伞盖乃佛殿之庄严具。造幡有降魔、延寿及不堕恶道等福德，造黄色的幡以及伞盖，在死亡之日悬于佛像之前为亡者积福，可以使亡者离去八苦，受生到十方诸佛的净土。

③本识：即阿赖耶识，因阿赖耶识是有为无为诸法的根本。阿赖耶，梵文 Ālaya，原指贮藏物品的仓库或藏，有潜藏、贮藏、执着等义。所谓的阿赖耶识有如下三种特质：（一）潜藏于身体中的阿赖耶识，此识被认为潜藏于身体中，是以生理方式维持身体的根源性的心。它存在于身体的每个部位；不管睡觉或觉醒，都在心的深处持续活动；（二）贮藏所有

种子的阿赖耶识，阿赖耶识又名为一切种子识，过去的业变成种子贮藏在阿赖耶识中，其后遇缘而现行造成新的业，此业又会再变成新的种子；（三）作为执着对象的阿赖耶识，阿赖耶识是刹那生灭的，而从阿赖耶识产生的末那识，却将生出自己的阿赖耶识，误解为我、自我、常一主宰的我，而加以执着。总而言之，阿赖耶识作为一切法生起的根据，是因为它摄持一切种子，待缘展现，同时，阿赖耶识面对前生的活动，也是一个承受者，被末那识执着为“我”。

④大辩：辩才无碍之意。

⑤无生：指不生不灭，已断尽三界烦恼的涅槃境地。

⑥无常：佛教认为世间一切之法，生灭迁流，刹那不住，谓之无常。此处指地狱之恶鬼。

⑦菩提之心：梵文 Bodhi-citta，即觉心，又称无上道心、无上道意、道心。此菩提心为一切诸佛之种子，是净法长养之良田，若发起此心，勤行精进，则得速成无上菩提。盖此菩提心乃大乘菩萨最初必发起之大心；生起此心称为发菩提心，略称发心、发意；最初之发心，则称初发心、新发意，为菩提之根本。

【译文】

这时，地藏菩萨摩诃萨恭敬地对佛说：“世尊，我看阎浮提的众生，举心动念，没有一件不是起造罪因的。即使偶尔有所善举，也多是半途而废，不能够持久。倘若碰到恶因缘，碰上作恶的机会，便会于念念之中再起邪见。这些人就好像行走在淤泥沼泽中一样，身上还背着沉重的石头，步履越来越艰难，越来越沉重，脚步也越陷越深。如果能有缘得到善知识的帮助，帮他减轻些负担甚至除去他身上的全部负担，这是因为善知识有大力量的缘故。不仅如此，还亲自帮扶他，使他站稳，从而走出泥泞而到达平地，并且叮嘱他一定要意识到沼泽地的险恶，不要再重蹈覆辙了。

“世尊，习惯于行恶的众生，往往是从最微细的一点小恶开始，不以为然，从而越做越多，终于积累了无量无数的罪业。这些众生如果沾染了这样的恶习，在他临死之前，父母亲属应当为他做种种功德，培养种种福报，以便投生到较好的去处。在佛菩萨像前悬挂幡盖，或点燃油灯，或读诵佛经，或以种种上好供具供养佛菩萨像及圣者像。同时在临终之人面前称念佛菩萨或辟支佛的名号，一名一号，清清楚楚，使佛号或经文清晰地通过临终人的耳根，印在其八识田中。这些众生，根据其生前所造的业因，本来应当堕入到恶道中去，但因为有亲属为他做了功德，种下了善因，其过去的罪业统统消灭了。倘若还能在身死之后的七七四十九天之内，努力多做各种善事，加以回向，不但能使已死之人永远脱离恶道，得生人间、天上，享受种种美妙的安乐；对于在世的亲属来说，也能够获得无量的利益和安乐。

“因此，我今天在这大会上面对世尊、以及天龙八部、人非人等，劝告阎浮提众生：在临死之前，千万不要去杀生以及造种种恶缘，为‘保佑’亡灵，而祈求魍魉魑魅，祭神拜鬼。为什么呢？因为这样杀生以及祭拜鬼神之举，非但丝毫帮助不了死去的人，反而还结下了新的罪缘，使罪业更加深重。即使亡者在过去世或现在世曾经结过善缘、种过善根，应当可以生到人间或天界享受福报，却由于被无知的亲属造下如此的恶业，致使临终之人受到牵连，与那些被杀死的生命对辩冥司，受到责问或责罚，从而拖延了投生善道的时间。更何况命终之人在世之时，并没有多少的善业，各人将根据自己的所作所为自受其报，怎么还忍心让他由于亲属的无知，再添种种恶业，甚至堕入恶道中去呢？比如说，有人从遥远的地方长途跋涉而来，准备的食粮早已用尽，已经三天没吃上饭了，而他背负的行李又超过百斤。正在这时，忽然又遇到邻居朋友，请他再捎上一些东西，结果弄得那人更加困重不堪了。世尊，我看阎浮提的众生，只要能信受佛法，乐于为善，所为的善事哪怕小到一丝一毫、一沙一尘，这些善行所带来的利益决不会白费，分分都可自得。”

说这些话时，法会中有一位长者，名叫大辩。这位长者在很久以前就已证得无生法忍，以种种智慧方便，化现为长者的形像教化度脱十方一切众生。这时，大辩长者合掌恭敬，请问地藏菩萨说：“大士，南阎浮提众生在命终之后，家里大大小小的亲属为他做种种功德，设斋供养十方僧众，造种种善因，像这样的话，命终之人，能否得到大利益及解脱呢？”

地藏菩萨回答说：“长者，承蒙佛力的加被，我现在就为未来和现在的一切众生，简略说一下这件事。长者，未来和现在的一切众生，在临命终时，能有缘听到一位佛的名字、一位菩萨的名字乃至一位辟支佛名字的话，不论原来有罪或无罪，都能得到解脱。倘若有男子、女人活着的时候，不修善因，造了许多恶业，命终之后，家里大大小小的亲属，为他（她）修福行善，作种种功德。其修福行善所带来的利益，亡者所获有七分之一，其余的六分为活着的人所得。正因为如此，未来的和现在的善男女等，要趁着耳聪目明、身体强健的时候，努力自己修行，不要等到临死时，靠家属来代为修福。自己修行所带来的功德，分分都是自己所获的。

“无常大鬼，总是不期而至。人死之后，冥冥之中的魂神不知自己的罪报或福报有多少，便随着无常去了。在七七四十九天之内，如痴如聋，或者在各个阴司中对辩生前所作所为的善恶罪福。审定之后，个人便依据自己的业报到一定的道中去投生。在尚未审定的期间，就已经是千愁万苦，更何况有的人还得堕落到各种恶道中去呢？命终之人，在尚未托生的七七四十九天之内，念念之间，都在盼着活着的骨肉至亲为他们修福行善，做种种功德来超度他、救济他。过了四十九天之后，业报已经审定，就随着其生前所作的业因投生去了。倘若此人在生之时曾经造恶深重，其结果往往是千百年中在恶道里受苦。倘若犯了五无间的极恶重罪时，就将千劫万劫堕在无间地狱里，几乎是永无出头之日，一直要承受极端的酷刑与痛苦。

“另外，长者，那些造罪的众生在命终之后，家里的亲人为他设斋修福，并以此功德来帮助亡者消除罪业，免除恶道之苦。需要注意的是：在办斋之时以及供斋以后，淘米的泔水或菜叶等东西不能丢弃于地，更不能随意糟蹋。那些贡品食物，在供养佛、法、僧三宝之前，千万不能自己先吃。如果有人违反了上面所说的规矩，自己先吃了，或是在供养时不够恭敬、不够虔诚的话，那么这个亡人将很难得到功德利益。如果能遵守上述的规矩，以勤恳诚敬的态度，用清净妙洁的供品来供养佛僧，那么，所做功德，有七分之一可以利益亡者，六分功德为办斋的眷属所得。因此，长者，阎浮提的众生若能为他们的父母或亲人在命终之后虔诚设斋供养的话，无论是死去的还是活着的，都会获得很大的利益与福报。”

地藏菩萨在说完这些话时，忉利天宫有千万亿那由他、无法计数的阎浮提鬼神，都发了无量的菩提心。大辩长者恭敬作礼，退回到自己的座位上去了。

阎罗王众赞叹品第八

本品讲述了阎罗王众参与集会，向世尊发问，既然地藏菩萨有如此不可思议神力，为何众生不依止善道，永取解脱？世尊回答说，是因为南阎浮提的众生，其性刚强，难以调伏，结恶习重，才在恶道之中，旋出旋入。就好比迷路人遇见善知识，告知所走的是一条险道，并带领他走上好路。如果该迷路人仍然迷误，就有可能再次走上险道，受到损害。地藏菩萨救度众生也是如此，“方便力故，使令解脱，生人天中，旋又再入”。然后，恶毒鬼王发愿救护众生，世尊亦嘱梵王帝释等卫护鬼王部属。主命鬼王亦发愿于生死时利益众生，告诫众生于生时、死时，慎勿杀害，饮酒食肉，而应当设大供养，转读尊经，称佛菩萨名号，获大利益。最后，世尊为主命鬼王授记于未来世作佛，劫名安乐，世界名净住，所度天人，不可限量。

尔时铁围山内有无量鬼王，与阎罗天子[1]，俱诣忉利，来到佛所。所谓恶毒鬼王、多恶鬼王、大诤鬼王、白虎鬼王、血虎鬼王、赤虎鬼王、散殃鬼王、飞身鬼王、电光鬼王、狼牙鬼王、千眼鬼王、啖兽鬼王、负石鬼王、主耗鬼王、主祸鬼王、主食鬼王、主财鬼王、主畜鬼王、主禽鬼王、主兽鬼王、主魅鬼王、主产鬼王、主命鬼王、主疾鬼王、主险鬼王、三目鬼王、四目鬼王、五目鬼王、祁利失王、大祁利失王、祁利叉王、大祁利叉王、阿那吒王、大阿那吒王。如是等大鬼王，各各与百千诸小鬼王，尽居阎浮提，各有所执，各有所主。是诸鬼王，与阎罗天子，承佛威神，及地藏菩萨摩诃萨力，俱诣忉利，在一面立。

尔时阎罗天子胡跪合掌，白佛言：世尊，我等今者与诸鬼王，承佛威神，及地藏菩萨摩诃萨力，方得诣此忉利大会，亦是我等获善利故。我今有小疑事，敢问世尊，唯愿世尊慈悲宣说。

佛告阎罗天子：恣汝所问，吾为汝说。

是时阎罗天子瞻礼世尊，及回视地藏菩萨，而白佛言：世尊，我观地藏菩萨，在六道中，百千方便而度罪苦众生，不辞疲倦，是大菩萨有如是不可思议神通之事。然诸众生，获脱罪报，未久之间，又堕恶道。世尊，是地藏菩萨既有如是不可思议神力，云何众生而不依止善道，永取解脱？唯愿世尊，为我解说。

佛告阎罗天子：南阎浮提众生，其性刚强，难调难伏。是大菩萨，于百千劫，头头救拔如是众生，早令解脱。是罪报人，乃至堕大恶趣，菩萨以方便力，拔出根本业缘，而遣悟宿世之事②。自是阎浮众生结恶习重，旋出旋入。劳斯菩萨，久经劫数，而作度脱。

譬如有人，迷失本家，误入险道。其险道中，多诸夜叉，及虎狼狮子、蚖蛇蝮蝎。如是迷人，在险道中，须臾之间，即遭诸毒。有一知识，多解大术，善禁是毒，乃及夜叉诸恶毒等。忽逢迷人，欲进险道。而语之言：咄哉男子③，为何事故，而入此路？有何异术，能制诸毒？是迷路人，忽闻是语，方知险道，即便退步，求出此路。是善知识提携接手，引出险道，免诸恶毒，至于好道，令得安乐。而语之言：咄哉迷人，自今以后，勿履是道。此路入者，卒难得出，复损性命。是迷路人，亦生感重。临别之时，知识又言：若见亲知，及诸路人，若男若女，言于此路多诸毒恶，丧失性命。无令是众，自取其死。

是故地藏菩萨具大慈悲，救拔罪苦众生，生人天中，令受妙乐。是诸罪众，知业道苦，脱得出离，永不再历。如迷路人，误入险道，遇善知识，引接令出，永不复入。逢见他人，复劝莫入，自言因是迷故，得解脱竟，更不复入。若再履践，犹尚迷误，不觉旧曾所落险道，或致失命。如堕恶趣，地藏菩萨方便力故，使令解脱，生人天中，旋又再入。若业结重，永处地狱，无解脱时。

尔时恶毒鬼王合掌恭敬白佛言：世尊，我等诸鬼王，其数无量。在阎浮提，或利益人，或损害人，各各不同。然是业报，使我眷属，游行世界，多恶少善。过人家庭，或城邑聚落、庄园房舍，或有男子女人，修毛发善事，乃至悬一幡一盖，少香少华供养佛像及菩萨像；或转读尊经，烧香供养一句一偈。我等鬼王，敬礼是人，如过去、现在、未来诸佛。敕诸小鬼，各有大力，及土地分，便令卫护，不令恶事横事、恶病横病，乃至不如意事，近于此舍等处，何况入门。

佛赞鬼王：善哉善哉！汝等及与阎罗，能如是拥护善男女等。吾亦告梵王、帝释，令卫护汝。

说是语时，会中有一鬼王，名曰主命，白佛言：世尊，我本业缘，主阎浮人命，生时死时，我皆主之。在我本愿，甚欲利益。自是众生，不会我意，致令生死俱不得安。何以故？是阎浮提人初生之时，不问男女，或欲生时，但作善事，增益舍宅，自令土地无量欢喜，拥护子母，得大安乐，利益眷属。或已生下，慎勿杀害，取诸鲜味供给产母，及广聚眷属，饮酒食肉，歌乐弦管，能令子母不得安乐。何以故？是产难时，有无数恶鬼，及魍魉精魅，欲食腥血。是我早令舍宅土地灵祇，荷护子母，使令安乐，而得利益。如是之人，见安乐故，便合设福，答诸土地。翻为杀害，聚集眷属。以是之故，犯殃自受，子母俱损。

又阎浮提临命终人，不问善恶，我欲令是命终之人，不落恶道。何况自修善根，增我力故。是阎浮提行善之人，临命终时，亦有百千恶道鬼神，或变作父母，乃至诸眷属，引接亡人，令落恶道，何况本造恶者。世尊，如是阎浮提男子女人，临命终时，神识昏昧，不辨善恶，乃至眼耳更无见闻。是诸眷属，当须设大供养，转读尊经，念佛菩萨名号。如是善缘，能令亡者离诸恶道，诸魔鬼神悉皆退散。世尊，一切众生临命终时，若得闻一佛名、一菩萨名，或大乘经典一句一偈。我观如是辈人，除五无间杀害之罪，小小恶业，合堕恶趣者，寻即解脱。

佛告主命鬼王：汝大慈故，能发如是大愿，于生死中护诸众生。若未来世中，有男子女人，至生死时，汝莫退是愿，总令解脱，永得安乐。

鬼王白佛言：愿不有虑。我毕是形，念念拥护阎浮众生，生时死时，俱得安乐。但愿诸众生，于生死时，信受我语，无不解脱，获大利益。

尔时佛告地藏菩萨：是大鬼王主命者，已曾经百千生作大鬼王，于生死中，拥护众生。是大士慈悲愿故，现大鬼身，实非鬼也。却后过一百七十劫，当得成佛，号曰无相如来④，劫名安乐，世界名净住，其佛寿命不可计劫。地藏，是大鬼王，其事如是，不可思议。所度人天，亦不可限量。

【注释】

①阎罗天子：梵文 Yamaraja，又称阎摩王、阎罗王、魔王、阎王。缚罪人之义，为地狱执法之王，即俗称的阎罗王。佛经云：昔有兄及妹，皆作地狱主。兄治男事，妹治女事，故曰双王。阎罗王是死后世界的支配者、冥界之王，是裁定死者的罪过的地狱主人。

②宿世：梵文 Pūrva，宿即久、旧、古之意。宿世即前生、前世、过去世之意。宿世之生存状态，称为宿命；宿世所有之习惯，称为宿习；宿世所结之因缘，称为宿因、宿缘。宿世所造之业，称为宿业、宿行。

③咄哉：呵斥之语。

④无相：指一切诸法无自性，本性为空，无形相可得，故称为无相。无相，在佛教经典中还有其他几种意义：（一）指事物并无固定性、实体性之状态，故云实相无相；（二）无特质；（三）“无”之特质，亦即“无”之本性；（四）不存在；（五）寂灭涅槃；（六）佛教修行法中“三解脱门”（空、无相、无愿）之一，指离却一切执着的境界，亦即超越差别对立的境界。

【译文】

这时，大铁围山里的无量无数的鬼王跟随阎罗天子一起，也来到了忉利天宫佛说法的地方。这些鬼王是：恶毒鬼王、多恶鬼王、大诤鬼王、白虎鬼王、血虎鬼王、赤虎鬼王、散殃鬼王、飞身鬼王、电光鬼王、狼牙鬼王、千眼鬼王、啖兽鬼王、负石鬼王、主耗鬼王、主祸鬼王、主食鬼王、主财鬼王、主畜鬼王、主禽鬼王、主兽鬼王、主魅鬼王、主产鬼王、主命鬼王、主疾鬼王、主险鬼王、三目鬼王、四目鬼王、五目鬼王、祁利失王、大祁利失王、祁利叉王、大祁利叉王、阿那吒王、大阿那吒王。这些大鬼王又各统领了成百上千的小鬼王，都居住在阎浮提世界，各有所司，各有所主。大大小小的鬼王们与阎罗天子一样，均是承蒙佛与地藏菩萨的威神之力，来到忉利天宫的法会，恭敬地站在大会的一侧。

这时，阎罗天子右膝着地，顶礼佛陀，恭敬合掌，问讯世尊说："世尊，我今天和诸多鬼王们，承蒙世尊与地藏菩萨的威神之力，才能够来到忉利天宫的法会之中，这也是我等护持佛法而获得善利的结果。我现在有个小疑问，冒昧地请问世尊，希望世尊能慈悲地为我们解释宣讲。"

佛回答阎罗天子说："你随便问吧，我来为你解说。"

这时，阎罗天子恭敬瞻礼世尊，并恭敬地向地藏菩萨行了一个注目礼，然后对佛说："世尊，我观地藏菩萨，在六道中不辞疲倦地用百千万种方法救度那些因造罪而受苦的众生，这位大菩萨有如此不可思议的愿力和神通力。然而这些众生一旦脱离了苦报之后，没过多久又会堕入恶道中去。世尊，地藏菩萨既然有如此不可思议的神力，为什么众生还不肯依止于善道，永远获得解脱呢？但愿世尊能为我慈悲宣说。"

佛告诉阎罗天子说："南阎浮提世界里的众生，生性十分执拗倔强，难以诱导向善，使他们心性调柔。这位大菩萨于百千劫以来，一次又一次地在六道中救拔这些众生，使他们能够尽早得到解脱。对那些作恶受报的罪人，乃至堕入大地狱之中的众生，地藏菩萨都会用种种方便法门与神通之力，帮助这些众生从根本上拔除造恶的种子，明了过去世所犯的种种恶行和罪业，而生起悔悟之心。只是由于阎浮提众生于无量生死以来，造恶习气太深，所以一时生在善道，一时堕入恶道，轮回不息，连累这位大菩萨在百千劫中一次次地救度他们。

"譬如说，有人迷失了他本来所在的地方，不小心走到了危险的道路上。在那个危险的道路中，有许多夜叉、恶鬼，以及虎狼、狮子、毒蛇、蝎子等等。而迷路人对险道中的威胁却没有丝毫察觉，不知道须臾之间就可能遭到毒害，导致死伤。正好在那时，有一位善知识，智能高超，知识丰富，懂得许多出险道、解百毒、避虎狼、驱恶鬼的方法，见到这位迷路人正要误入险区，就提醒他：'喂，你为什么要走这条道？这条道祸害多端，危险丛生，难道你有什么办法能躲得开，避得过吗？'迷路人猛然听到善知识的提醒，才知道正在走上一条险路，赶紧退步，希望离开这危险的境地。善知识牵手指引，带着他慢慢脱离险道，走上正路，得到平安与快乐。然后，善知识告诉迷路人说：'唉，你这个迷路的人，从此以后，千万不要再走这条道了。进了这条道的人，不但会遭遇到种种毒害，很难走出来，甚至会丧失性命。'迷路人十分感激善知识的帮助，在临分别的时候，善知识又再三地嘱咐他：‘倘若见到你的亲戚、朋友甚至是陌生的过路人，不论男女老少，你都要告诉他们这条路的危险性，毒蛇猛兽、恶鬼恶神太多了，进去就会丧命，千万不要让这些人自己去送死。’

“地藏菩萨正是这样的一位善知识，以大慈大悲的神通愿力，救拔种种造罪受苦的众生，使他们能进入人、天的善道，享受种种微妙的快乐。而这些造罪的众生，由于知道了业道的苦，一旦脱离以后，永远不想再进去了。正如迷路人误入险道，遇到善知识帮助他走上正道，再不会走进险道。碰到其他人要误入时，也能现身说法，劝他人不要走进去。这是因为自己曾经迷失过的缘故，一旦走上正道，解脱灾难，便永不再入险境了。如果再走进去，那说明依旧迷误，并没有意识到眼下所走的道路，是以往曾经误入的险道，那就可能导致丧失性命，好比有人一再地犯十恶大罪，终于又堕入到地狱之中。地藏菩萨总是以种种善巧方便来解救这些众生，让他们能得到人天的好报。但由于众生造恶的习气太重，弄不好便会又流转到恶道中去。如果犯下了极恶重罪的话，那就只能长久地困在地狱里，想要出头也不可能了。”

这时，有一位名叫恶毒的鬼王合掌恭敬对佛说：“世尊，我们这些鬼王，数量多到无法计算。在阎浮提世界里，或是利益众生，或是损害众生，各不相同。同样由于各自过去的种种业报，使得我们在阎浮提世界各个地方周游巡视，各司其职，总的来说，我们的所作所为还是以为害众生的事居多。在各地巡行的过程中，凡是经过城市、乡村，或者庄园、房舍之时，若见到有男子、女人修哪怕是一毛一发那么小的一点善事，或者在佛前悬挂幡盖，或者以微薄的香花供养佛像或菩萨像，或者敬重地读诵佛经，烧香供养佛经，哪怕是经中的一句话，一句偈，我们这些鬼王尊敬礼拜此人，如同尊敬礼拜过去、现在、未来的诸佛一样，我们会指使属下众多的大力小鬼和当地的土地神，去保护这些善人，不让恶事、横祸、恶病、横病，以及任何不如意的事靠近他们和他们的住所，更何况加临到他们身上了。”

佛听了恶毒鬼王的陈述之后，称赞说：“善哉善哉，你们诸位以及阎罗王能如此发心保护这些善男子、善女人，我也会告诉梵王和帝释天，让他们也来保护你们。”

说这话的时候，法会中另有一位鬼王，名叫主命，恭敬地对佛说：“世尊，我依据过去的种种业缘，现在掌管阎浮提人的生命，无论是出生或是死亡，都由我来管理。在我本心的愿望，总想去帮助利益人们。但由于这些众生不懂因果，不知佛法，所以不能明了我的好意，以至于生时和死时都不得安宁。为什么呢？因为阎浮提人在初生之时，不论是男是女，家里人都应当做种种善事，增添家宅的吉祥，自然可以让土地神祇等欢喜地保护生产的母子，使母子平安，全家和乐。生下孩子之后，更要小心谨慎，千万不要为了庆祝又去杀生，以种种鲜味给产妇进补。更不要请一群亲戚朋友大办酒席，饮酒食肉，歌舞喧哗，这样一来反而会害得母子都不得安宁。为什么呢？因为妇女在生产之时，有无量数的恶鬼及魍魉精魅想来吞食生产时流出来的腥血。为了保护产妇的安全，是我早就指使当地的土地神、舍宅神等来保护母子，不使这些恶鬼靠近他们，使他们能够平安顺产。按理说，像这样的人家，在母子平安之时，应当修福修善，以此答谢土地神祇。但由于他们不明理，反而做出杀生害命的恶行，并聚集亲朋好友纵情宴乐。使得家里平添了许多祸殃，只有自作自受，母子俩都将受到损害。

“阎浮提人在临死时，不管生前是善是恶，我都尽量让他不落入恶道中去，更何况有些命终人在世时为善修福，那我帮助他就更加容易了。但即使是行善之人，在临命终时，也有成百上千的恶道里的鬼神，或是变成亡人的父母，或是变成亡人的亲戚朋友，把他拉向恶道中去。更何况本来就造恶的众生，遇见的恶鬼就更多了。世尊，阎浮提的男男女女在临命终时，神志昏昧，如同梦中，自己无法分辨好坏善恶，眼、耳都失去了见闻的能力。在这种时候，他们的亲人们应当大设供养，读诵这部《地藏菩萨本愿经》或其它大乘经典，称念佛菩萨的名号。以此善缘，就可以使命终人脱离恶道，一切的邪魔鬼神都会退散，不再出现。世尊，一切众生在临命终时，如果能听到一声佛的名号，或者菩萨的名号，或是听到大乘经典的一句话、一句偈，我看这类众生，除了犯五无间或杀生害命的大罪之外，其余小小的恶业本应堕入恶道中受苦的，承蒙听闻佛菩萨名号或大乘经典一句一偈的功德，都可以立即得到解脱，不会堕入恶道中去。”

佛告诉主命鬼王说：“你有这样的大慈悲心，发下这样的大愿，能在世人的生死之际来保护他们。在未来的世界中，有男子女人在生时或死时，你都不要退失这个大愿，总要尽力使他们得到解脱，永远地平安快乐。”

鬼王回答佛说：“世尊，请不要有所顾虑，我将穷一生之力，念念保护阎浮提的众生，使他们在生时死时都能得到安乐。但愿众生在生时死时，能够相信并接受我刚才所说的话，那所有的众生一定都能得到解脱，获得真正的大利益。”

这时，佛告诉地藏菩萨说：“这位主命大鬼王，已曾经于百千世中作大鬼王，一直在阎浮提众生的生时死时保护他们。正是因为这位大士有着菩萨的慈悲愿力，所以才化现为鬼王的形象，其实他并不在鬼道当中。从此以后，再过一百七十大劫，他将要成佛，佛名无相如来，住世所在的劫名叫安乐，成佛的世界名净住，这尊佛的寿命有无量无数不可称计的大劫。地藏，这位大鬼王的事迹真是不可思议，他所度化的人道与天道的众生也是无量无数，无法称计。”

称佛名号品第九

本品讲述了地藏菩萨为利益未来众生，演说过去诸佛名号。分别是无边身如来、宝性如来、波头摩胜如来、狮子吼如来、拘留孙佛、毗婆尸佛、宝胜如来、宝相如来、袈裟幢如来、大通山王如来，以及净月佛、山王佛、智胜佛、净名王佛、智成就佛、无上佛、妙声佛、满月佛、月面佛等不可说的无量诸佛。众生称佛名号，获福无量，灭无量罪。

名号，梵语 Nāmadheya，又作名字、名，主要指佛、菩萨之称号而言。名号可表彰诸佛菩萨之功德，及显示众生对诸佛菩萨之赞叹、敬仰，故又称为宝号、尊号、德号、嘉号等。以其为诸佛觉悟之名，故又称果名、果号、果上名号等。又依名号之字数而称，则有四字名号、六字名号、九字名号、十字名号等称呼。名号可表显诸佛菩萨之真如体性，及其广大圆满之功德。名号系从诸佛菩萨而来，以名体不离故，所以诸佛之名号，即等同诸佛之法体，故诸经论中，多载有诚心称念诸佛之名号，及思惟忆念诸佛者，可消除罪障、灾难，或可往生净土等之说。

尔时地藏菩萨摩诃萨白佛言：世尊，我今为未来众生演利益事，于生死中，得大利益。唯愿世尊，听我说之。

佛告地藏菩萨：汝今欲兴慈悲，救拔一切罪苦六道众生，演不思议事。今正是时，唯当速说。吾即涅槃，使汝早毕是愿，吾亦无忧现在、未来一切众生。

地藏菩萨白佛言：世尊，过去无量阿僧祇劫，有佛出世，号无边身如来[①]。若有男子女人，闻是佛名，暂生恭敬，即得超越四十劫生死重罪。何况塑画形像，供养赞叹，其人获福无量无边。

又于过去恒河沙劫，有佛出世，号宝性如来[②]。若有男子女人，闻是佛名，一弹指顷发心归依，是人于无上道，永不退转[③]。

又于过去，有佛出世，号波头摩胜如来[④]。若有男子女人，闻是佛名，历于耳根，是人当得千返生于六欲天中[⑤]，何况志心称念。

又于过去不可说不可说阿僧祇劫，有佛出世，号狮子吼如来。若有男子女人，闻是佛名，一念归依，是人得遇无量诸佛，摩顶授记。

又于过去，有佛出世，号拘留孙佛[⑥]。若有男子女人，闻是佛名，志心瞻礼，或复赞叹，是人于贤劫千佛会中，为大梵王，得授上记。

又于过去，有佛出世，号毗婆尸佛[⑦]。若有男子女人，闻是佛名，永不堕恶道，常生人天，受胜妙乐。

又于过去无量无数恒河沙劫，有佛出世，号宝胜如来[8]。若有男子女人，闻是佛名，毕竟不堕恶道，常在天上，受胜妙乐。

又于过去，有佛出世，号宝相如来[9]。若有男子女人，闻是佛名，生恭敬心，是人不久得阿罗汉果。

又于过去无量阿僧祇劫，有佛出世，号袈裟幢如来[10]。若有男子女人，闻是佛名者，超一百大劫生死之罪。

又于过去，有佛出世，号大通山王如来[11]。若有男子女人，闻是佛名者，是人得遇恒河沙佛，广为说法，必成菩提。

又于过去，有净月佛[12]、山王佛[13]、智胜佛[14]、净名王佛[15]、智成就佛[16]、无上佛[17]、妙声佛[18]、满月佛[19]、月面佛[20]，有如是等不可说佛。

世尊，现在、未来一切众生，若天若人，若男若女，但念得一佛名号，功德无量，何况多名。是众生等，生时死时，自得大利，终不堕恶道。若有临命终人，家中眷属，乃至一人，为是病人高声念一佛名。是命终人，除五无间罪，余业报等，悉得消灭。是五无间罪，虽至极重，动经亿劫，了不得出。承斯临命终时，他人为其称念佛名，于是罪中，亦渐消灭。何况众生自称自念，获福无量，灭无量罪。

【注释】

①无边身：佛之身量无边际，指佛随机应化的应身。

②宝性：宝是珍宝，性是本性。珍宝在粪秽中本性不变，诸佛如来在众生烦恼中不失真如清净之性。

③不退转：梵文 Avaivartika，音译阿鞞跋致、阿惟越致，意即不退转，指在修行佛道的过程中，不退失既得的功德。不退转是佛法修行中一个很高的阶位。依据佛经，只有八地以上的菩萨才能做到不退转，在此果位之前，任何一个微小的过失都有可能导致修行成果的丧失。不退转对生活在五浊恶世的凡夫俗子来说基本上是不可能的。然而净土类的经典则明确表示了阿弥陀佛对往生西方极乐世界的修行人果位不退转的承诺。

④波头摩胜：梵文 Padma，汉译为“红莲花”。莲花以红的颜色最好，所以叫胜。佛莲千瓣，喻作千返。佛法和莲花一样，出污泥而不为污泥所染。众生听了这一佛名，便可以千返生天。

⑤六欲天：指欲界之六天，即四天王天、忉利天、焰摩天、兜率天、化自在天、他化自在天。

⑥拘留孙佛：梵文 Krakucchandha-buddha，汉译为“应断”。在人寿六万岁时，这佛就在世界上出现，救度众生。

⑦毗婆尸佛：梵文 Vipasyin，汉译为胜观，种种观，种种见。过去七佛之第一佛。观一切皆空，皆幻空，皆幻，皆恒，亦是佛之境界。

⑧宝胜：宝有在世间的宝，也有出世间的宝。念佛可以了脱生死，故佛宝胜过世间的宝，也胜过各种出世间的宝。

⑨宝相：佛的无去无来的法性实相。

⑩袈裟幢：就是如来宝幢的形相，表示佛的庄严。

⑪大通山王：就是以须弥山的妙高峰形容这位佛的高大。这山中之王，高达八万四千由旬，全是用金银铜铁四宝所合成。又因此佛能映照明彻，故名通。这是比喻佛的报身，能通法身和应身的理用，不只一佛如此，而是每位佛都如此。

⑫净月佛：一尘不染曰净，随机应现，如水中月，故名净月佛。

⑬山王佛：是佛修成的报身，高大如山王。

⑭智胜佛：这位佛的智慧胜过一切。

⑮净名王佛：一切业障断尽，清净自然，以断惑立名。

⑯智成就佛：是功德的修成，皆因智力的成就。

⑰无上佛：无上是极尊的称谓。佛法是无上法，若人起信诚敬勤修，即可得无上果位，此佛的果位就是如此修来的。

⑱妙声佛：是如来应机说法，圆妙声音，遍布十方。

⑲满月佛：像十五夜的明月，圆满具足。

⑳月面佛：是说佛的脸清秀圆满，令人一瞻仰，能生起无限欢喜恭敬。

【译文】

这时，地藏菩萨摩诃萨恭敬地对佛说：“世尊，我现在打算为了未来世的众生，说一下如何在生死轮回的苦海中得到解脱，获得大利益与大福德，唯愿世尊您听我解说。”

佛对地藏菩萨说：“你今天起慈悲心，发大誓愿，以救拔济度一切造罪受苦的六道众生，演说这不可思议的解脱法门，现在正是时候，就快说吧！我即将进入涅槃，让你能早点完成心愿，实现所立下的誓愿，同时我也可以不必再为现在和将来的一切众生担忧了。”

于是，地藏菩萨恭敬地对佛说：“世尊，在过去无量阿僧祇劫前，有一尊佛出现于世，名号称为‘无边身’如来。若有男子、女人听到了这尊佛名，哪怕暂时生起恭敬心，马上就可以免去四十劫的生死重罪，更何况还能恭敬地塑画佛的形像，供养赞叹呢？如果能这样，那所获得的福报真是无量无边了。

“还有，在过去恒河沙劫之前，有一尊佛出现于世，名号为‘宝性’如来。若有男子、女人听到这尊佛名，哪怕只在一弹指顷的时间里发心归依这尊佛，那么这个人在无上道中将获得不退转的果报，直至成佛。

“还有，在遥远的过去世里，有一尊佛出现于世，名号为‘波头摩胜’如来。若有男子、女人听到这尊佛名，哪怕只有一声经过耳根，那么这个人就可以千百次往返生于六重欲界天。更何况还能志诚恳切地称念佛的名号呢，那样获得的功德更是不可限量了。

“还有，在过去不可说、不可说阿僧祇劫前，有一尊佛出现于世，名号为‘狮子吼’如来。若有男子、女人听到这尊佛名，产生归依这尊佛的念头，那么这个人就会得到无量无数诸佛的摩顶祝福，授记他将来必定成佛。

“还有，在遥远的过去世里，有一尊佛出现于世，名号为‘拘留孙’佛。若有男子、女人听到这尊佛名，能志诚恳切地瞻仰礼拜佛的形象，或赞叹颂扬佛的功德，那么这个人以此功德，可以在千佛出世的贤劫中成为大梵王，获得佛授予他将要成佛的记别。

“还有，在遥远的过去世里，有一尊佛出现于世，名号为‘毗婆尸’佛。若有男子、女人听到这尊佛的名号，永远不会堕入恶道，常常降生在天上或富贵人家，享受最美好、最微妙的快乐。

“还有，在遥远的过去世里，有一尊佛出现于世，名号为‘宝胜’如来。若有男子、女人听到这尊佛的名号，最终不会堕于恶道，常能降生天上，享受最美好微妙的快乐。

“还有，在遥远的过去世里，有一尊佛出现于世，名号为‘宝相’如来，若有男子、女人听到这尊佛名，能产生恭敬心，那么这个人不久就可以修得阿罗汉的果位。

“还有，在遥远的过去世里，有一尊佛出现于世，名号为‘袈裟幢’如来。若有男子、女人听到这尊佛名，那么马上就可以脱离一百大劫的生死之罪。

“还有，在遥远的过去世里，有一尊佛出现于世，名号为‘大通山王’如来。若有男子、女人听到这尊佛名，那么，这个人就可遇到恒河沙数佛为他解说佛法的奥义，必定能证得菩提而觉悟成佛。

“还有，在遥远的过去世里，还有净月佛、山王佛、智胜佛、净名王佛、智成就佛、无上佛、妙声佛、满月佛、月面佛等不可说的无量诸佛。

“世尊，现在或是未来世界的众生，无论在天上还是在人间，无论是男是女，若能口称心念哪怕一尊佛的名号，那功德就多得无法称量了，更何况念这么多的佛名。这些众生，无论生时或死时，自然会得到极大的利益，永不会堕入恶道。倘若有临命终的人，家里的亲人中哪怕只有一个人，能够为这病人高声地念一尊佛的名号，那么这个命终人，除了犯了极重的五无间罪之外，其余那些轻微的业报都会被消灭。即使说五无间罪这样的极恶重罪，在地狱中即使经过几亿大劫都没有出头的希望，但凭着临命终时，别人为他称名念佛的功德，这样的重罪，也能渐渐得以减轻以致消除。更何况众生能够自己称念佛的名号，自然可以获得无量的福报，消灭无量的重罪了。”

卷下

校量布施功德缘品第十

在本品中，地藏菩萨向世尊请问阎浮提众生布施功德的轻重，世尊为之作答。对位高尊贵之人来说，若能下心含笑，发大慈心，亲手布施贫穷残疾之人，所获福利，如同布施诸佛功德之利。而无论贵族还是贫民，若能于佛法中做一点善事，如修补塔庙经像，布施供养三宝等，获大果报，常在人天，受胜妙乐。世尊特别强调，所作功德若仅回向自家眷属，或自身利益，即三生受乐，舍一得万报。若能回向法界，则其福无量无边，不可为喻。校量：又曰较量，即比较、衡量物之多少的意思。

尔时地藏菩萨摩诃萨，承佛威神，从座而起，胡跪合掌，白佛言：世尊，我观业道众生，校量布施，有轻有重。有一生受福，有十生受福，有百生、千生受大福利者。是事云何？唯愿世尊，为我说之。

尔时佛告地藏菩萨：吾今于忉利天宫一切众会，说阎浮提布施校量功德轻重。汝当谛听，吾为汝说。

地藏白佛言：我疑是事，愿乐欲闻。

佛告地藏菩萨：南阎浮提，有诸国王、宰辅大臣、大长者、大刹利、大婆罗门等，若遇最下贫穷，乃至癃残喑哑、聋痴无目，如是种种不完具者。是大国王等，欲布施时，若能具大慈悲，下心含笑，亲手遍布施，或使人施，软言慰谕。是国王等，所获福利，如布施百恒河沙佛功德之利。何以故？缘是国王等，于是最贫贱辈及不完具者，发大慈心，是故福利有如此报。百千生中，常得七宝具足[①]，何况衣食受用。

复次地藏，若未来世，有诸国王，至婆罗门等，遇佛塔寺，或佛形像，乃至菩萨、声闻、辟支佛像，躬自营办，供养布施。是国王等，当得三劫为帝释身，受胜妙乐。若能以此布施福利，回向法界[②]，是大国王等，于十劫中，常为大梵天王。

复次地藏，若未来世，有诸国王，至婆罗门等，遇先佛塔庙，或至经像，毁坏破落，乃能发心修补。是国王等，或自营办，或劝他人，乃至百千人等布施结缘。是国王等，百千生中，常为转轮王身[③]。如是他人同布施者，百千生中，常为小国王身。更能于塔庙前，发回向心，如是国王，乃及诸人，尽成佛道。以此果报，无量无边。

复次地藏，未来世中，有诸国王，及婆罗门等，见诸老病，及生产妇女，若一念间，具大慈心，布施医药、饮食、卧具，使令安乐。如是福利最不思议，一百劫中常为净居天主[④]，二百劫中常为六欲天主，毕竟成佛，永不堕恶道，乃至百千生中，耳不闻苦声。

复次地藏，若未来世中，有诸国王，及婆罗门等，能作如是布施，获福无量。更能回向，不问多少，毕竟成佛，何况释、梵、转轮之报。是故地藏，普劝众生，当如是学。

复次地藏，未来世中，若善男子善女人，于佛法中种少善根，毛发沙尘等许，所受福利，不可为喻。

复次地藏，未来世中，若有善男子善女人，遇佛形像、菩萨形像、辟支佛形像、转轮王形像，布施供养，得无量福，常在人天，受胜妙乐。若能回向法界，是人福利，不可为喻。

复次地藏，未来世中，若有善男子善女人，遇大乘经典，或听闻一偈一句，发殷重心，赞叹恭敬，布施供养。是人获大果报，无量无边。若能回向法界，其福不可为喻。

复次地藏，若未来世中，有善男子善女人，遇佛塔寺、大乘经典。新者，布施供养，瞻礼赞叹，恭敬合掌。若遇故者，或毁坏者，修补营理，或独发心，或劝多人同共发心。如是等辈，三十生中，常为诸小国王。檀越之人⑤，常为轮王，还以善法教化诸小国王。

复次地藏，未来世中，若有善男子善女人，于佛法中所种善根，或布施供养，或修补塔寺，或装理经典，乃至一毛一尘、一沙一渧。如是善事，但能回向法界，是人功德，百千生中，受上妙乐。如但回向自家眷属，或自身利益，如是之果，即三生受乐，舍一得万报。是故地藏，布施因缘，其事如是。

【注释】

①七宝：七种珍宝，各种经论所说不尽相同。一般指（一）金；（二）银；（三）琉璃，又作瑠璃、毗琉璃、吠琉璃等，属青玉类；（四）玻璃，意译作水精，指赤、白等之水晶；（五）砗磲，指大蛤或白珊瑚之类；（六）赤珠，又称赤真珠；（七）玛瑙，深绿色之玉，但异于后世所称之玛瑙。又七宝指转轮圣王所拥有之七种宝。即：轮宝、象宝、马宝、珠宝、女宝、居士宝（又称主藏宝）与主兵臣宝（将军）。

②回向法界：即将修行功德回向给全体众生。回向，

梵文 Pariṇāma，又作转向、施向，即以自己所修之善根功德，回转给众生，并使自己趋入菩提涅槃。菩萨连自己的功德，都愿施与别人。把自己所积的功德，为了别人的幸福，转向给别人，就叫做回向，集中体现了大乘佛教的博爱精神。法界，梵文 Dharma-dhātu。法，泛指宇宙万有一切事物，包括世出世间法，通常释为"轨持"，即一切不同的万事万物都能保持各自的特性，互不相紊，并按自身的轨则，能让人们理解是什么事物。界，含有种族、分齐的意思，即分门别类的不同事物各守其不同的界限。佛教诸宗对"法界"均有不同的解说，尤以华严宗最为详尽圆融。比较通俗的是天台宗的十法界说，以地狱、饿鬼、畜生、阿修罗、人、天、声闻、缘觉、菩萨、佛等为十法界，众土皆在法界之中。

③转轮王：梵文 Cakravartin-rājā，亦称轮王，掌管四洲之王，感得轮宝，飞行空中，降伏四方。转轮王有金、银、铜、铁四王，金轮王统掌四洲，银轮王掌东、西、南三大洲，铜轮王掌东、南二洲，铁轮王掌南赡部洲，即阎浮提洲。

④净居天：证得不还果的圣者所居的境地。此中又分五种：无烦天，无热天，善现天，善见天，色究竟天，合为五净居天。

⑤檀越：梵文 Dānapati，施主之意，这里指发心布施的人。《增一阿含经》卷四中说，檀越施主有五功

德，即（一）名闻四远，众人叹誉；（二）若至沙门、刹利婆罗门长者众中，不怀惭愧，亦无所畏；（三）受众人敬仰，见者欢悦；（四）命终之后，当生天上或人中，在天为天所敬，在人为人尊贵；（五）智慧远出众人之上，现身尽漏不经后世。

【译文】

这时，地藏菩萨摩诃萨承蒙佛的威神之力，从座位起身，右膝着地，合掌恭敬，对佛说："世尊，我观这六道里的众生，衡量比较他们布施的功德，有轻有重，大不相同：有的是一生受福报，有的是十生受福报，还有的百生、千生都受大福报的，这究竟是什么缘故？请世尊为我讲说。"

佛告诉地藏菩萨说："我今天在忉利天宫法会中的一切大众之前，说一下阎浮提世界中衡量布施功德的轻重区别，你仔细用心倾听，我来为你分别解说。"

地藏菩萨回答说："我正对此事有所疑惑，很愿意听世尊解说。"

佛告诉地藏菩萨说："在南阎浮提世界中，若有国王、宰相大臣、大长者、大刹利、大婆罗门等，碰到那些最低贱、最贫穷的人，以及驼背肢残、耳聋眼瞎、哑巴痴呆等肢体残缺、六根不具的残疾人，倘若能抱着慈悲心，屈尊就卑，平易近人，亲自到各个地方布施救济穷人，或让手下人去布施的时候，也要叫他们含笑宽慰贫穷的人，那么这些国王、贵族等所获得的福利，就相当于供养百倍于恒河沙数那么多佛的功德。为什么呢？因为这些国王等，对于那些最贫贱、最可怜的人，能发起慈悲的关爱之心，所以能够得到如此之大的福报。在千百个转世过程中，常常可以得到充足的七宝，更何况普通的衣食住行等基本生活的享用了。

“另外，地藏，倘若在未来世，有国王、大臣、长者、刹利及修净行的婆罗门等，见到佛的塔寺、形像，乃至菩萨、声闻、辟支佛等圣者的形像，能亲自操持种种布施供养，那么，这些国王等人可以在三大劫的长时间里得生为帝释之身，享受种种微妙的快乐。如果能够进一步将此布施的功德福利回向给法界全体众生，那么这些国王等在十劫中可以得大梵天王之身，享受大梵天王的福报。

“还有，地藏，倘若在未来世，有国王、大臣、长者、刹利及婆罗门等，遇到已经涅槃的过去佛的塔庙，或遗留下来的经像，由于年代久远，毁坏破落，能够发心去修补。这些国王等人，或是亲自操办，或是劝人操办，劝一人、两人甚至成百上千等人大家共同布施结缘，那么这些国王等人，在今后的百千生中常可以得生为转轮王身，一同布施的其他人，在今后的百千生中常可以得生为小国王身。如果更能在塔庙前发回向心，那么这些国王及共同布施的人，终将成就佛道，因为这种布施供养的功德是无量无边的。

“还有，地藏，倘若在未来世，有国王、大臣、长者、刹利及婆罗门等，见到那些年老生病或是正在生产的妇女，若能在一念之间发大慈悲心，布施医药、饮食、床具等等，使他们得到安乐。这种福德是最不可思议的。在一百大劫之中，常常成为净居天主；在二百大劫之中，常常成为六欲天的天主，最终必定成佛，永不堕入恶道。乃至在今后的百千生中，永远听不到受苦的声音，更不用说亲自受苦了。

“还有，地藏，倘若在未来世的国王、大臣、长者、刹利及婆罗门等，能够做以上种种的布施，所获得的福德真是无量无边。若能进一步把这些功德回向给法界众生，不问功德多少，最终必定成佛，更不用说帝释天王、大梵天王、转轮圣王一类的福报了。因此，地藏，你应当广泛地向一切众生传达这其中的道理，广泛地劝说一切众生学着这么做。

“还有，地藏，在未来世中，倘若有善男子、善女人在佛法中种很少一点善根，即使如同汗毛、灰尘一样微不足道，他们所受的福报将大得无法形容。

“另外，地藏，在未来世中，倘若有善男子、善女人见到佛的形像、菩萨的形像、辟支佛的形像、乃至转轮王的形像，能够布施供养，即可得无量的福德，常可在人间天上享受最美妙的安乐。若能够将此功德回向给法界众生，那这人的福德就多得无法言喻了。

“另外，地藏，在未来世中，倘若有善男子、善女人，见到大乘经典，或是听到一个偈、一句经，能发殷切尊重心，赞叹恭敬，布施供养，此人获得的果报，大到无量无边。若能够将此功德回向给法界众生，那这人的福德也是多得无法言喻了。

“另外，地藏，在未来世中，倘若有善男子、善女人，遇到佛的塔寺、大乘经典，若是新的，便布施供养，瞻礼赞叹，恭敬合掌；若是旧的或是已经损坏的，便发心去修补打理，或是独自一个人发心，或是劝许多人共同发心，跟着一同布施的人，在三十生中，常常做小国王；而那位领头发心布施的人，在三十生中常常做转轮圣王，并以种种善法、善政去教导、教化这些小国王们。

“最后，地藏，在未来世中，倘若有善男子、善女人在佛法中所种的善根：或是布施供养，或是修补塔寺，或是装理经典，小到哪怕像一根汗毛、一粒灰尘那样微不足道的一点善事，只要能回向法界，那么这人的功德，在百千生中都会受到人天最美妙的快乐。倘若单是回向给自己的亲人或自身受用，那所得的福报只有三生受乐而已。若是能够回向给法界众生，那功德果报将千万倍于自身受用，真可以用‘舍一得万’来形容。地藏，布施因缘的来龙去脉和功德果报的轻重比较就是这样。”

地神护法品第十一

本品通过坚牢地神与世尊之间的问答，说明了地藏菩萨大愿之殊胜及瞻礼供养地藏菩萨所获利益。如文殊、普贤、观音、弥勒菩萨等，化百千身形，度六道众生，其愿尚有毕竟，而地藏菩萨，教化六道一切众生，所发誓愿劫数，无有穷尽。若发心归依地藏菩萨，依地藏菩萨本愿经修行者，当于住处，南方清洁之地，作其龛室，塑画地藏菩萨形像，瞻礼供养，转读尊经。能够如此修行者获十种利益：一者、土地丰壤；二者、家宅永安；三者、先亡生天；四者、现存益寿；五者、所求遂意；六者、无水火灾；七者、虚耗辟除；八者、杜绝恶梦；九者、出入神护；十者、多遇圣因。

尔时坚牢地神白佛言①：世尊，我从昔来，瞻视顶礼无量菩萨摩诃萨，皆是大不可思议神通智慧，广度众生。是地藏菩萨摩诃萨，于诸菩萨，誓愿深重。世尊，是地藏菩萨，于阎浮提，有大因缘。如文殊、普贤、观音、弥勒，亦化百千身形，度于六道，其愿尚有毕竟。是地藏菩萨，教化六道一切众生，所发誓愿劫数，如千百亿恒河沙。

世尊，我观未来及现在众生，于所住处，于南方清洁之地，以土石竹木，作其龛室。是中能塑画，乃至金银铜铁，作地藏形像，烧香供养，瞻礼赞叹。是人居处，即得十种利益。何等为十？一者、土地丰壤，二者、家宅永安，三者、先亡生天，四者、现存益寿，五者、所求遂意，六者、无水火灾，七者、虚耗辟除，八者、杜绝恶梦，九者、出入神护，十者、多遇圣因。世尊，未来世中，及现在众生，若能于所住处方面，作如是供养，得如是利益。

复白佛言：世尊，未来世中，若有善男子善女人，于所住处，有此经典及菩萨像，是人更能转读经典，供养菩萨。我常日夜以本神力，卫护是人，乃至水火盗贼、大横小横、一切恶事，悉皆消灭。

佛告坚牢地神：汝大神力，诸神少及。何以故？阎浮土地，悉蒙汝护。乃至草木沙石、稻麻竹苇、谷米宝贝，从地而有，皆因汝力。又当称扬地藏菩萨利益之事。汝之功德，及以神通，百千倍于常分地神。若未来世中，有善男子善女人，供养菩萨，及转读是经，但依地藏本愿经一事修行者，汝以本神力而拥护之，勿令一切灾害，及不如意事，辄闻于耳，何况令受。非但汝独护是人故，亦有释梵眷属、诸天眷属，拥护是人。何故得如是圣贤拥护？皆由瞻礼地藏形像，及转读是本愿经故，自然毕竟出离苦海，证涅槃乐。以是之故，得大拥护。

【注释】

①坚牢地神：梵名Pṛthivī，音译为比里底毗，又作坚固地神、地神天、持地神、地天等。色界十二天之一，乃主掌大地之神。据《大唐西域记》卷八载，释迦牟尼佛成道时，第一地神由地涌出，降伏诸魔，第二地神再出，为佛明证。《方广大庄严经》卷九降魔品亦载，佛刚成道，地神为作证明，从地涌出，曲躬恭敬，捧盛满香花之七宝瓶供养。

【译文】

这时，坚牢地神起身恭敬地向佛说："世尊，我从过去久远时间以来，已瞻礼无量无数的菩萨摩诃萨。这些菩萨摩诃萨都具有广大、不可思议的神通和智慧，普度一切众生。相比之下，这位地藏菩萨摩诃萨，在我所顶礼的所有大菩萨中，所发的誓愿最为深重。世尊，这位地藏菩萨与阎浮提的众生有极大的因缘。其他的大菩萨，如文殊菩萨、普贤菩萨、观音菩萨、弥勒菩萨等等，也同样化现出成百上千的身形在六道中度化众生，但他们的誓愿尚有完结的一天。唯有地藏菩萨教化六道中的一切众生，所发誓愿的劫数，如同千百亿恒河沙一样，无穷无尽。

“世尊，我观察未来世和现在世的众生，如果能够在他们的居所中朝南的地方，找一块清净之地，用土石竹木等材料作一个龛室，在龛室中，或是雕塑、或是彩画，或是金、银、铜、铁铸刻地藏菩萨的形像，每天烧香供养，瞻礼赞叹地藏菩萨，那么这个人的住所就可以得到十种利益。哪十种呢？一者、土地丰壤（土地肥沃，物产丰富）；二者、家宅永安（家宅安稳，眷属平安）；三者、先亡生天（祖先获福，超升天上）；四者、现存益寿（在世家人，延年益寿）；五者、所求遂意（所有愿求，悉皆满足）；六者、无水火灾（远离水火等天灾厄难）；七者、虚耗辟除（避免亏损虚耗之事）；八者、杜绝恶梦（夜梦安乐，无诸横事）；九者、出入神护（往来出入，善神卫护）；十者、多遇圣因（常遇佛法，多结善缘）。世尊，未来世和现在世中的众生，若能在自己的住所做如上所说的供养，就可以得到上述的大利益。”

接着，坚牢地神又说：“世尊，在未来世中，倘若有善男子、善女人在自己的住处里有这部不可思议的经典及地藏菩萨像，而且能常常读诵这部经，供养地藏菩萨，我将以神力，于日日夜夜之间保护这个人，诸如水灾火灾、强盗小偷、大小横祸等一切恶事，全都消除，不给他们带来任何困扰。”

佛称赞坚牢地神说：“像你这样的神通大力，不是一般神祇所能够相比的。为什么呢？因为整个阎浮提世界的土地都是由你在保护，无论是草木沙石、稻麻竹苇，以至于地下埋藏的种种宝物，都是依赖于你神力的护持。你还能够常常称扬地藏菩萨利益众生的事迹，你的功德与神通比起一般的地神来，要超过何止千百倍。倘若在未来世，有善男子、善女人供养地藏菩萨以及读诵这部经典，或者专依《地藏菩萨本愿经》中所讲的法门修行的话，你应当以神力来保护他，不要让一切灾害及不如意的事使他听到，更何况使他受害了。非但只有你在保护这个人，帝释、梵天所统领的众多天人、天神也都在无形中拥护此人。为什么会得到这么多贤圣的保护呢？这都是由于瞻视礼拜地藏菩萨的形像以及念诵《地藏菩萨本愿经》的缘故，自然而然能最终跳出三界的生死苦海，证到涅槃的真实快乐。正因为如此，才会得到这么多贤圣的保护啊。”

见闻利益品第十二

在本品中，世尊放毫相光，出微妙音称扬赞叹地藏。观世音菩萨请世尊为大众宣说地藏菩萨不思议利益之事。佛告观世音菩萨，如有天人天福享尽，或六道众生临命终时，得闻地藏菩萨名号，即永不历三恶道。若有男子女人，思忆先亡父母眷属，瞻礼地藏形像，称念地藏名号，不但能了知先亡生处，而且能使眷属获福。若有众生业障深重，于大乘经典无法读诵，通过瞻礼供养地藏菩萨，能够业障消除，即获聪明。总而言之，地藏菩萨与阎浮提众生有大因缘，见闻利益之事，说不能尽。最后，世尊嘱咐观世音菩萨以神力流布此经，并以偈言将上述利益人天不可思议功德之事重新宣说了一遍。

尔时世尊从顶门上放百千万亿大毫相光[①]。所谓白毫相光、大白毫相光、瑞毫相光、大瑞毫相光、玉毫相光、大玉毫相光、紫毫相光、大紫毫相光、青毫相光、大青毫相光、碧毫相光、大碧毫相光、红毫相光、大红毫相光、绿毫相光、大绿毫相光、金毫相光、大金毫相光、庆云毫相光、大庆云毫相光、千轮毫光、大千轮毫光、宝轮毫光、大宝轮毫光、日轮毫光、大日轮毫光、月轮毫光、大月轮毫光、宫殿毫光、大宫殿毫光、海云毫光、大海云毫光。于顶门上放如是等毫相光已，出微妙音，告诸大众、天龙八部、人非人等：听吾今日于忉利天宫，称扬赞叹地藏菩萨于人天中利益等事、不思议事、超圣因事、证十地事、毕竟不退阿耨多罗三藐三菩提事。

说是语时，会中有一菩萨摩诃萨，名观世音，从座而起，胡跪合掌，白佛言：世尊，是地藏菩萨摩诃萨，具大慈悲，怜愍罪苦众生，于千万亿世界，化千万亿身，所有功德及不思议威神之力。我闻世尊与十方无量诸佛，异口同音赞叹地藏菩萨云：正使过去、现在、未来诸佛，说其功德，犹不能尽。向者又蒙世尊普告大众，欲称扬地藏利益等事。唯愿世尊，为现在、未来一切众生，称扬地藏不思议事，令天龙八部瞻礼获福。

佛告观世音菩萨：汝于娑婆世界，有大因缘。若天若龙，若男若女，若神若鬼，乃至六道罪苦众生，闻汝名者、见汝形者、恋慕汝者、赞叹汝者，是诸众生，于无上道，必不退转；常生人天，具受妙乐；因果将熟，遇佛授记。汝今具大慈悲，怜愍众生，及天龙八部，听吾宣说地藏菩萨不思议利益之事。汝当谛听，吾今说之。

观世音言：唯然世尊，愿乐欲闻。

佛告观世音菩萨：未来、现在诸世界中，有天人受天福尽，有五衰相现[②]，或有堕于恶道之者。如是天人，若男若女，当现相时，或见地藏菩萨形像，或闻地藏菩萨名，一瞻一礼，是诸天人转增天福，受大快乐，永不堕三恶道报。何况见闻菩萨，以诸香华、衣服、饮食、宝贝、璎珞，布施供养，所获功德福利，无量无边。

复次观世音，若未来、现在诸世界中，六道众生，临命终时，得闻地藏菩萨名，一声历耳根者，是诸众生，永不历三恶道苦。何况临命终时，父母眷属将是命终人舍宅、财物、宝贝、衣服，塑画地藏形像。或使病人未终之时，眼耳见闻，知道眷属将舍宅、宝贝等，为其自身塑画地藏菩萨形像。是人若是业报合受重病者，承斯功德，寻即除愈，寿命增益。是人若是业报命尽，应有一切罪障业障，合堕恶趣者，承斯功德，命终之后，即生人天，受胜妙乐。一切罪障，悉皆消灭。

复次观世音菩萨，若未来世有男子女人，或乳哺时，或三岁、五岁、十岁以下，亡失父母，乃及亡失兄弟、姊妹。是人年既长大，思忆父母及诸眷属，不知落在何趣，生何世界，生何天中。是人若能塑画地藏菩萨形像，乃至闻名、一瞻一礼。一日至七日，莫退初心。闻名见形，瞻礼供养。是人眷属，假因业故，堕恶趣者，计当劫数。承斯男女、兄弟、姊妹塑画地藏形像，瞻礼功德，寻即解脱，生人天中，受胜妙乐。是人眷属，如有福力，已生人天受胜妙乐者，即承斯功德，转增圣因，受无量乐。是人更能三七日中，一心瞻礼地藏形像，念其名字，满于万遍，当得菩萨现无边身，具告是人眷属生界；或于梦中，菩萨现大神力，亲领是人，于诸世界，见诸眷属。更能每日念菩萨名千遍，至于千日，是人当得菩萨遣所在土地鬼神，终身卫护，现世衣食丰溢，无诸疾苦，乃至横事不入其门，何况及身。是人毕竟得菩萨摩顶授记。

复次观世音菩萨，若未来世，有善男子善女人，欲发广大慈心救度一切众生者、欲修无上菩提者、欲出离三界者③。是诸人等，见地藏形像，及闻名者，至心归依，或以香华、衣服、宝贝、饮食供养瞻礼，是善男女等，所愿速成，永无障碍。

复次观世音，若未来世，有善男子善女人，欲求现在、未来百千万亿等愿，百千万亿等事。但当归依、瞻礼、供养、赞叹地藏菩萨形像，如是所愿所求，悉皆成就。复愿地藏菩萨具大慈悲，永拥护我，是人于睡梦中，即得菩萨摩顶授记。

复次观世音菩萨，若未来世，善男子善女人，于大乘经典，深生珍重，发不思议心，欲读欲诵，纵遇明师教视令熟，旋得旋忘，动经年月，不能读诵。是善男子等，有宿业障，未得消除，故于大乘经典无读诵性。如是之人，闻地藏菩萨名，见地藏菩萨像，具以本心恭敬陈白，更以香华、衣服、饮食、一切玩具，供养菩萨。以净水一盏，经一日一夜，安菩萨前，然后合掌请服，回首向南，临入口时，至心郑重。服水既毕，慎五辛④、酒、肉、邪淫、妄语及诸杀害，一七日或三七日。是善男子善女人，于睡梦中，具见地藏菩萨现无边身，于是人处，授灌顶水⑤。其人梦觉，即获聪明。应是经典，一历耳根，即当永记，更不忘失一句一偈。

复次观世音菩萨，若未来世，有诸人等，衣食不足，求者乖愿；或多病疾；或多凶衰，家宅不安，眷属分散；或诸横事，多来忤身；睡梦之间，多有惊怖。如是人等，闻地藏名，见地藏形，至心恭敬，念满万遍。是诸不如意事，渐渐消灭，即得安乐，衣食丰溢，乃至于睡梦中悉皆安乐。

复次观世音菩萨，若未来世，有善男子善女人，或因治生，或因公私，或因生死，或因急事，入山林中，过渡河海，乃及大水，或经险道。是人先当念地藏菩萨名万遍，所过土地，鬼神卫护，行住坐卧，永保安乐。乃至逢于虎狼狮子、一切毒害，不能损之。

【注释】

①毫相光：又作眉间白毫相、白毫庄严面相、白毫毛光相、眉间白毫光相、眉间毫相、额上毫相功德满足相、眉间白毛长好右旋相、眉间白毫软白兜罗绵相，为如来三十二相之一。世尊在两眉之间有柔软细泽之白毫，引之则长一寻（或谓初生时长五尺，成道时长一丈五尺），放之则右旋宛转，犹如旋螺，鲜白光净，一似真珠，如日之正中，能放光明，称为白毫光。众生若遇其光，可消除业障、身心安乐。

②五衰相：是天人将死的时候，所现出来的五种衰相，有小和大两种。小五衰相是：一、口出恶声；二、身光微昧；三、浴水著身；四、著境不舍；五、身虚眼瞬。大的五衰相即：一、头上花萎；二、衣裳秽污；三、体生臭气；四、腋下汗出；五、不乐本座。

③三界：即欲界、色界、无色界。一、欲界，是最低下的界域，具有淫欲与贪欲的众生都居于此。这是六道众生的所居地。二、色界，在欲界之上，为离淫欲、食欲的众生所居地，是离欲清净的世界。三、无色界，是最上的领域，是超越于物质之上的世界，此界无一物质之物，唯以心识住于深妙之禅定，故称无色界。

④五辛：指五种有辛味之蔬菜，又作五荤，即韭、葱、蒜、薤、兴渠。与酒、肉同为佛弟子所禁食之物。据《大佛顶首楞严经》卷八载，此五种之辛，熟食者发淫，生啖者增恚，十方天仙嫌其臭秽，咸皆远

离，然诸饿鬼等则舐其唇吻，常与鬼住而福德日销，故求菩提者当断世间这五种辛菜。其中兴渠一物为汉地所无。

⑤灌顶：即以水灌于头顶，受灌者即获晋升一定地位之仪式。原为古代印度帝王即位及立太子之一种仪式，国师以四大海之水灌其头顶，表示祝福。此仪式后为佛教所采纳，其中密教最重灌顶。灌者，大悲护念义，顶者，佛果最上义，谓诸佛以大悲水灌顶，能使功德圆满之意。

【译文】

这时，释迦牟尼佛从其顶门白毫之中放出百千万亿大毫相光：所谓白毫相光、大白毫相光、瑞毫相光、大瑞毫相光、玉毫相光、大玉毫相光、紫毫相光、大紫毫相光、青毫相光、大青毫相光、碧毫相光、大碧毫相光、红毫相光、大红毫相光、绿毫相光、大绿毫相光、金毫相光、大金毫相光、庆云毫相光、大庆云毫相光、千轮毫光、大千轮毫光、宝轮毫光、大宝轮毫光、日轮毫光、大日轮毫光、月轮毫光、大月轮毫光、宫殿毫光、大宫殿毫光、海云毫光、大海云毫光。在顶门中放如此种种的毫相光之后，又以种种微妙的音声普告在场的天龙八部、人非人等大众说："你们今天听我在忉利天宫的大会上，称扬赞叹地藏菩萨利益人天众生的事迹，种种不可思议的事迹，超凡入圣的事迹，证入十地果位的事迹，以及令一切众生永远不退转于无上正等正觉、究竟成佛的事迹。"

佛说这些话的时候，法会中有一位菩萨摩诃萨，名号为观世音，从座位上起身，右膝着地，合掌恭敬地对佛说："世尊，这位地藏菩萨摩诃萨，具有大慈大悲的心愿，怜悯一切因造罪而受苦的众生，在千万亿的世界中，化现出千万亿的身形度脱众生，他所作的功德和具有威神力量皆不可思议。我听到世尊以及十方无量无数的诸佛，异口同声地赞叹地藏菩萨：即使过去、现在、未来一切诸佛一起来论说地藏菩萨的功德，也是说不尽的。刚才承蒙世尊普告大众说，要称扬赞叹地藏菩萨利益一切众生的种种事迹。现在我虔诚地盼望世尊为现在及未来的一切众生，称扬地藏菩萨种种不可思议的、利益众生的事迹，使天龙八部等一切众生能够得知其详，瞻仰礼拜地藏菩萨，从而获得更大的福报。"

佛告诉观世音菩萨说："你与娑婆世界有着很深的因缘。在这娑婆世界中，无论是天人，还是龙众；无论是男人，还是女子；无论是神鬼，乃至六道中一切罪苦众生，若有缘听到你的名号，见到你的形像，恋慕敬仰你，称颂赞叹你，这些众生必定能最终成就无上道业，直至成佛。这些众生还可以常常生在天界或富贵的人间，享受种种微妙的安乐。一旦时机成熟，必定会遇到佛给他授记。你现在以大慈悲心，怜悯天龙八部及一切众生，来听我宣说地藏菩萨种种不可思议的事迹。你仔细倾听，我现在就为你们解说。"

观世音菩萨回答说："是的，世尊，我们都非常乐意想要听到这些事。"

这时，本师释迦牟尼佛就告诉观世音菩萨及在会的一切大众说："在未来世及现在世中，如果有天道的众生，天福快要享尽的时候，就会有五种衰败之相出现，甚至将来还有可能要堕入到恶道中去。像这样的天人，无论是男、是女，正当出现五衰相时，若能有缘见到地藏菩萨的形像，或是听到地藏菩萨的名号，能以恭敬心，哪怕一瞻仰，一礼拜，这些天人马上就可以转而增加许多天福，继续在天界享受极大的快乐，永不会堕入三恶道遭受苦报。更何况在见到地藏菩萨形像、听到地藏菩萨名号时，能以恭敬心，用种种香花、衣服、饮食、宝贝、璎珞去布施供养地藏菩萨，那他所获得的福利，更是无量无边了。

"另外，观世音菩萨，在未来世及现在世中，如果有六道里的众生在临死前，能有缘听到地藏菩萨的名号，哪怕只有一声，能听到耳朵里去，那么这样的众生，将永不会到三恶道里去受苦了。更何况在他们临命终之时，家里的父母、眷属将房产、财物、珍宝以及衣服等都布施出去，用来雕塑或彩画地藏菩萨的形像，供养地藏菩萨的形像。假如在病人未死之际，让他亲眼看到，亲耳听到，明白家中亲人已经为他广修布施与供养。倘若这人命不该死，只是该得一场重病，由于上面所说的功德，马上可以恢复健康，同时还能增长寿命。倘若这个人阳寿已尽，由于生前所作种种罪业，死后应堕入到三恶道去，由于这超度的功德，在命终之后，即可生天享受美妙的福乐，而过去所造的一切罪业都已消灭了。

"另外，观世音菩萨，假如在未来世，有男子或女人，或是在哺乳的婴儿时期，或是在三岁、五岁、十岁以下的童年时期，死去了父母或兄弟姐妹，长大成人以后，时常思念已过世的父母或是其它亲人，不知道他们现在哪一道中生活，或者投生在什么世界里，或哪一重天上？此人如果能以恭敬心塑画地藏菩萨形像，听到地藏菩萨的名号后，不断地瞻仰、礼拜，在一天、两天直到七天之中，天天如此，不退初心，称念地藏菩萨名号，礼拜供养地藏菩萨，那么此人已经过世的亲属，假如他们因为罪报而堕落到恶道中去的，本应当在恶道中受满该有的劫数，凭借着亲人塑画、瞻礼、供养地藏菩萨的功德，不久便可以解脱恶道之苦，投生到天界或人间的富贵人家中去享受最美妙的快乐了。假如已过世的亲人本来就很有福报，已经生在天界或富贵人家享受种种快乐了，那么，承蒙现在亲人给他做的种种功德，不但其福报快乐无量无边，而且在佛法中结下了解脱之缘。假如这个人能够在二十一天里，一心一意地瞻仰礼拜地藏菩萨的形像，称念地藏菩萨的名号达一万遍，那就可以感应到地藏菩萨亲自显现无边身，明明白白地告诉这个人：你那位早已过世的亲人，现在生在某某世界里。或是在睡梦中，地藏菩萨以大神力，亲自带领此人在各个世界里，见到他所思念的亲人。倘若能再进一步，每天称念地藏菩萨名号一千遍，连续一千天始终不断，那么，此人将得到地藏菩萨指派他所居住地方的土地神灵终生保护他，现在世令他丰衣足食，无有病苦，大小横事、不吉利事均不入其门，更不用说伤害到他了。非但如此，此还可以得到地藏菩萨给他摩顶授记，最终必定觉悟解脱。

“另外，观世音菩萨，倘若在未来世，有善男子、善女人，想要发广大的慈悲心去救度一切众生，修习无上菩提，跳出三界生死轮回等等。这些人若能在见到地藏菩萨形像、听到地藏菩萨名号后，以至诚心发愿归依地藏菩萨，并以种种的香、花、衣服、宝贝、饮食去供养、瞻礼地藏菩萨，那么，这些善男子、善女人的愿望会很快地实现，永不会有什么障碍。

“还有，观世音菩萨，倘若在未来世，有善男子、善女人想要实现现在或将来百千万亿的种种心愿，想要办成现在的或将来的百千万亿的种种事情，只要一心归依瞻礼、供养赞叹地藏菩萨的形像，那么，这些所愿所求都能达成。如果进一步发愿祈求地藏菩萨以大慈悲心永远保护‘我’（即发愿者），那么此人在睡梦中，就可以得到地藏菩萨的摩顶授记。

“还有，观世音菩萨，倘若在未来世，有善男子、善女人对大乘经典产生深切的敬仰心、尊重心、爱护心，发不可思议的愿心想要学习读诵经典，但即使得到明师的指点教诲，仍然前念后忘，经过数月乃至数年都无法读诵、背熟。这是因为这些善男子、善女人有过去所作的业障在妨碍着他，所以对于大乘经典就没有熟读背诵的善根。像这样的人，若能在听到地藏菩萨名号、见到地藏菩萨形像后，发自内心、恭敬挚诚地向地藏菩萨表白自己的心愿，请求地藏菩萨的加被，更以香、花、衣服、饮食以及一切美好的珍玩物品来供养地藏菩萨。以洁净的清水一盏，供在菩萨像前，经一天一夜，然后恭敬合掌，请求饮用此水（注意应将水换下，用别的杯子饮用，不能用供杯）。饮水之前，回过身来，面向南方，然后郑重其事，专心致志将水喝下。喝完净水之后，千万谨慎，戒五辛、戒酒肉、戒杀、戒盗、戒邪淫、戒妄语。这样，经过七天或二十一天，此人在睡梦中，会明明白白见到地藏菩萨现无边身，来到身旁，给他授灌顶水。醒来之后，这个人马上就变得很聪明，任何大乘经典只要听到一次后，就永不会再忘记了，乃至一句经，一句偈都能牢记如初。

“另外，观世音菩萨，倘若在未来世，或有人衣食不足，生计维艰；或有人事与愿违，所求不遂；或有人疾病缠身，凶耗不断；或有人合家不安，亲人离散；或有人横祸连绵，伤身害命；或有人睡梦不安，惊恐万状。这些业障深重的众生，如果有缘听到地藏菩萨名号或见到地藏菩萨形像，能够至心恳切地称念地藏菩萨名号满一万遍，那么，这许多不如意的事都会逐渐减轻直至消灭，而得到安稳、快乐的生活，日常衣食丰足，睡梦中也能得到安宁快乐。

“还有，观世音菩萨，倘若在未来世，有善男子、善女人，或是因为要外出谋生；或是为了公私事宜；或是去报生讣死；或是因事情急迫，不得已要穿山入林，渡河过海，经历惊涛骇浪或攀越悬崖峭壁等危险的地方。此人在出门之前，应当先虔诚念地藏菩萨的名号满一万遍，这样，他所要经过的地方，途中的一切鬼神、土地都来保护他，无论是行住坐卧，都能常保平安。哪怕在路上碰到豺狼虎豹、毒虫瘴气等，一切毒害都不能伤害到他。”

佛告观世音菩萨：是地藏菩萨，于阎浮提，有大因缘。若说于诸众生见闻利益等事，百千劫中，说不能尽。是故观世音，汝以神力，流布是经，令娑婆世界众生，百千万劫，永受安乐。

尔时世尊而说偈言：

吾观地藏威神力，恒河沙劫说难尽，
见闻瞻礼一念间，利益人天无量事。
若男若女若龙神，报尽应当堕恶道，
至心归依大士身，寿命转增除罪障。
少失父母恩爱者，未知魂神在何趣，
兄弟姊妹及诸亲，生长以来皆不识，
或塑或画大士身，悲恋瞻礼不暂舍，
三七日中念其名，菩萨当现无边体，
示其眷属所生界，纵堕恶趣寻出离，
若能不退是初心，即获摩顶受圣记。
欲修无上菩提者，乃至出离三界苦，
是人既发大悲心，先当瞻礼大士像，
一切诸愿速成就，永无业障能遮止。
有人发心念经典，欲度群迷超彼岸，
虽立是愿不思议，旋读旋忘多废失，
斯人有业障惑故，于大乘经不能记，
供养地藏以香华，衣服饮食诸玩具，
以净水安大士前，一日一夜求服之，
发殷重心慎五辛，酒肉邪淫及妄语，
三七日内勿杀害，至心思念大士名，

即于梦中见无边，觉来便得利根耳，
应是经教历耳闻，千万生中永不忘，
以是大士不思议，能使斯人获此慧。
贫穷众生及疾病，家宅凶衰眷属离，
睡梦之中悉不安，求者乖违无称遂，
至心瞻礼地藏像，一切恶事皆消灭，
至于梦中尽得安，衣食丰饶神鬼护。
欲入山林及渡海，毒恶禽兽及恶人，
恶神恶鬼并恶风，一切诸难诸苦恼，
但当瞻礼及供养，地藏菩萨大士像，
如是山林大海中，应是诸恶皆消灭。
观音至心听吾说，地藏无尽不思议，
百千万劫说不周，广宣大士如是力。
地藏名字人若闻，乃至见像瞻礼者，
香华衣服饮食奉，供养百千受妙乐，
若能以此回法界，毕竟成佛超生死。
是故观音汝当知，普告恒沙诸国土。

【译文】

佛又继续告诉观世音菩萨说：“这位地藏菩萨同阎浮提众生有着极大的因缘。倘若要把地藏菩萨利益阎浮提众生的种种事迹统统都说一遍，哪怕花上百千大劫的时间也是说不尽的。因此，观世音，你应当以神力来宣扬流布这部不可思议的经典，使未来、现在娑婆世界的众生在百千万劫中永享平安与福乐。”

为了要进一步说明这件事，世尊又以偈言的形式重复了一遍：

吾观地藏威神力，恒河沙劫说难尽，
见闻瞻礼一念间，利益人天无量事。
若男若女若龙神，报尽应当堕恶道，
至心归依大士身，寿命转增除罪障。
少失父母恩爱者，未知魂神在何趣，
兄弟姊妹及诸亲，生长以来皆不识，
或塑或画大士身，悲恋瞻礼不暂舍，
三七日中念其名，菩萨当现无边体，
示其眷属所生界，纵堕恶趣寻出离，
若能不退是初心，即获摩顶受圣记。
欲修无上菩提者，乃至出离三界苦，
是人既发大悲心，先当瞻礼大士像，
一切诸愿速成就，永无业障能遮止。
有人发心念经典，欲度群迷超彼岸，
虽立是愿不思议，旋读旋忘多废失，
斯人有业障惑故，于大乘经不能记，
供养地藏以香华，衣服饮食诸玩具，
以净水安大士前，一日一夜求服之，
发殷重心慎五辛，酒肉邪淫及妄语，
三七日内勿杀害，至心思念大士名，
即于梦中见无边，觉来便得利根耳，
应是经教历耳闻，千万生中永不忘，
以是大士不思议，能使斯人获此慧。

贫穷众生及疾病，家宅凶衰眷属离，
睡梦之中悉不安，求者乖违无称遂，
至心瞻礼地藏像，一切恶事皆消灭，
至于梦中尽得安，衣食丰饶神鬼护。
欲入山林及渡海，毒恶禽兽及恶人，
恶神恶鬼并恶风，一切诸难诸苦恼，
但当瞻礼及供养，地藏菩萨大士像，
如是山林大海中，应是诸恶皆消灭。
观音至心听吾说，地藏无尽不思议，
百千万劫说不周，广宣大士如是力。
地藏名字人若闻，乃至见像瞻礼者，
香华衣服饮食奉，供养百千受妙乐，
若能以此回法界，毕竟成佛超生死。
是故观音汝当知，普告恒沙诸国土。

嘱累人天品第十三

在本经的最后一品，世尊摩地藏菩萨顶，以诸众生付嘱令度。世尊云:“地藏！地藏！记吾今日在忉利天中，于百千万亿不可说不可说一切诸佛菩萨、天龙八部大会之中，再以人天诸众生等，未出三界，在火宅中者，付嘱于汝，无令是诸众生，堕恶趣中一日一夜。何况更落五无间及阿鼻地狱，动经千万亿劫，无有出期。”地藏菩萨承诺“未来世中，若有善男子善女人，于佛法中，一念恭敬。我亦百千方便，度脱是人，于生死中，速得解脱。何况闻诸善事，念念修行，自然于无上道，永不退转”。最后，世尊为虚空藏菩萨分别宣说了闻此经典及地藏名字，瞻礼形像所获得的二十八种和七种利益。十方诸佛菩萨赞叹，天雨香花供养，法会圆满而散。

尔时世尊举金色臂，又摩地藏菩萨摩诃萨顶，而作是言：地藏！地藏！汝之神力不可思议，汝之慈悲不可思议，汝之智慧不可思议，汝之辩才不可思议。正使十方诸佛赞叹宣说汝之不思议事，千万劫中不能得尽。地藏！地藏！记吾今日在忉利天中，于百千万亿不可说不可说一切诸佛菩萨、天龙八部大会之中，再以人天诸众生等，未出三界，在火宅中者，付嘱于汝，无令是诸众生，堕恶趣中一日一夜。何况更落五无间及阿鼻地狱，动经千万亿劫，无有出期。

地藏，是南阎浮提众生，志性无定，习恶者多。纵发善心，须臾即退。若遇恶缘，念念增长。以是之故，吾分是形百千亿化度，随其根性而度脱之。地藏，吾今殷勤以天人众，付嘱于汝。未来之世，若有天人，及善男子善女人，于佛法中，种少善根，一毛一尘、一沙一渧。汝以道力，拥护是人，渐修无上，勿令退失。

复次地藏，未来世中，若天若人，随业报应，落在恶趣。临堕趣中，或至门首，是诸众生，若能念得一佛名、一菩萨名、一句一偈大乘经典。是诸众生，汝以神力，方便救拔，于是人所，现无边身，为碎地狱，遣令生天，受胜妙乐。

尔时世尊而说偈言：

现在未来天人众，吾今殷勤付嘱汝，

以大神通方便度，勿令堕在诸恶趣。

尔时地藏菩萨摩诃萨，胡跪合掌，白佛言：世尊！唯愿世尊，不以为虑！未来世中，若有善男子善女人，于佛法中，一念恭敬。我亦百千方便，度脱是人，于生死中，速得解脱。何况闻诸善事，念念修行，自然于无上道，永不退转。

说是语时，会中有一菩萨名虚空藏[①]，白佛言：世尊，我自至忉利，闻于如来赞叹地藏菩萨威神势力不可思议。未来世中，若有善男子善女人，乃及一切天龙，闻此经典，及地藏名字，或瞻礼形像，得几种福利？唯愿世尊，为未来、现在一切众等，略而说之。

佛告虚空藏菩萨：谛听谛听，吾当为汝分别说之。若未来世，有善男子善女人，见地藏形像，及闻此经，乃至读诵，香华、饮食、衣服、珍宝布施供养，赞叹瞻礼，得二十八种利益：一者、天龙护念，二者、善果日增，三者、集圣上因，四者、菩提不退，五者、衣食丰足，六者、疾疫不临，七者、离水火灾，八者、无盗贼厄，九者、人见钦敬，十者、神鬼助持，十一者、女转男身，十二者、为王臣女，十三者、端正相好，十四者、多生天上，十五者、或为帝王，十六者、宿智命通，十七者、有求皆从，十八者、眷属欢乐，十九者、诸横消灭，二十者、业道永除，二十一者、去处尽通，二十二者、夜梦安乐，二十三者、先亡离苦，二十四者、宿福受生，二十五者、诸圣赞叹，二十六者、聪明利根，二十七者、饶慈愍心，二十八者、毕竟成佛。

复次虚空藏菩萨，若现在、未来天龙鬼神，闻地藏名，礼地藏形，或闻地藏本愿事行，赞叹瞻礼，得七种利益：一者、速超圣地，二者、恶业消灭，三者、诸佛护临，四者、菩提不退，五者、增长本力，六者、宿命皆通，七者、毕竟成佛。

尔时十方一切诸来不可说不可说诸佛如来，及大菩萨、天龙八部，闻释迦牟尼佛称扬赞叹地藏菩萨大威神力，不可思议，叹未曾有。是时忉利天，雨无量香华、天衣[②]、珠璎，供养释迦牟尼佛，及地藏菩萨已。一切众会，俱复瞻礼，合掌而退。

【注释】

①虚空藏：梵名 Ākāsa-garbha，音译为阿迦舍檗婆，又作虚空孕菩萨，即福、智二藏无量，等如虚空，广大无边之意。此菩萨流出无量之法宝，普施所欲者，利乐众生。依佛典所载，虚空藏菩萨对一切众生甚为慈愍，常加护持。如果有人至诚、如法地礼拜过去世三十五佛之后，再别称大悲虚空藏菩萨名号，则此菩萨当会现身加以庇佑。

②天衣：指天人所穿着之衣服，其重量极轻，且天愈高，衣则愈轻。据《长阿含经》卷二十载，四天王衣重半两，忉利天衣重六铢。

【译文】

这时，世尊举起清净无垢的金色手臂，又摩地藏菩萨的头顶，对他说：“地藏，地藏，你的神力不可思议，你的慈悲不可思议，你的智慧不可思议，你的辩才不可思议。即使十方一切诸佛同声赞叹、宣讲你的不可思议事迹，用上千万劫之久的时间也难以说尽。地藏，地藏，你应当牢记今天我在这忉利天中，百千万亿不可说、不可说一切诸佛菩萨、天龙八部所在的大会中，再次将天界人间的一切众生和尚在三界流转生死、在火宅中受苦受难的众生托付给你，不要让这些众生，再堕入到恶道里哪怕只有一天一夜。更何况落到那些五无间及阿鼻地狱中去，千万亿劫，没有出头之日。

“地藏，南阎浮提的众生，其心志与根性总是游移不定，作恶业的还在多数。即使偶尔发起一点善心，过不了多久就又退失了。相反如果遇到恶缘，恶念就会一天天膨胀起来。正因为这个缘故，我分身百千亿身形，根据众生不同的根性、习气、智慧、环境来有针对性地说法度化，使他们得到解脱。地藏，我今天郑重殷切地将天上人间的众生托付给你。在未来世时，若有天上或人间的善男子、善女人，在佛法中哪怕只是种下如一毛一尘、一沙一渧这么渺小的一点善根，你都应当以你的神通之力，来保护这个人，使他走上佛法正道，千万不要使他产生退转之心或丧失前进的动力。

“还有，地藏，在未来世中，无论是天上或人间的众生，若是由于过去造下的种种恶业，应当堕入恶道，在他们将堕还未堕的时刻，倘若这些众生能亲口称念一尊佛的名号、一尊菩萨的名号，或是大乘经典里的一句话、一句偈，那么对于这些众生，你应当以你的神力想方设法救度他们，在他们所在的地方，化现无边身，为他粉碎地狱，使他得以超升，享受殊胜美妙的福乐。”

为了进一步说明这个意思，佛又以偈言重复了一遍：

现在未来天人众，吾今殷勤付嘱汝，

以大神通方便度，勿令堕在诸恶趣。

这时，地藏菩萨摩诃萨右膝着地，合掌恭敬地对佛说：“世尊，请不必为此事而有所忧虑，在未来世中，若有善男子、善女人于佛法中，哪怕只存有一念的恭敬心，我也会千方百计以种种方便去度脱他们，使他们跳出三界火宅，解脱生死轮回。更何况那些一听到种种善事便发心去做，念念之间勤恳修行的人，当然在佛法的解脱之道中，永不退转，必定成佛了。”

说这话之时，大会中有一位菩萨，名号叫做虚空藏，恭敬地对佛说：“世尊，我今天自从来到忉利天宫，一直听到世尊赞叹地藏菩萨的威神之力不可思议。在将来世中，倘若有善男子、善女人，以及天龙八部一切众生等，有缘听到这部《地藏菩萨本愿经》及地藏菩萨的名号，或者瞻仰礼拜地藏菩萨形像，能够得到哪些福德利益，请求世尊为将来及现在的一切众生，大略地讲一讲。”

佛告诉虚空藏菩萨说：“仔细倾听，我现在就为你分别解说一下。倘若在未来世，有善男子、善女人，见到地藏菩萨的形像，听到这部《地藏菩萨本愿经》，虔诚读诵这部经，并以种种香、花、饮食、衣服、珍宝去供养地藏菩萨，瞻礼赞叹地藏菩萨及《地藏菩萨本愿经》，可以得到二十八种利益：一者、天龙护念（得到天龙八部的卫护与保佑）；二者、善果日增（善果日日增益，福报日日积累）；三者、集圣上因（常常亲近佛法僧三宝，种下解脱的因缘）；四者、菩提不退（永不会退转于菩提觉悟之道）；五者、衣食丰足（家境充裕，物质生活丰富）；六者、疾疫不临（身心健康，没有种种疾病）；七者、离水火灾（远离水灾火灾等横祸）；八者、无盗贼厄（家宅安宁，不会遇到小偷、强盗）；九者、人见钦敬（受人尊敬，具有较高的社会地位）；十者、神鬼助持（得到各种鬼神暗中的保护和帮助）；十一者、女转男身（不愿为女性者，来世转为男子之身）；十二者、为王臣女（生在国王大臣之家享受福贵）；十三者、端正相好（相貌端正美好）；十四者、多生天上（来世多转生天界，享受天福）；十五者、或为帝王（常为人间帝王，拥有权势）；十六者、宿智命通（知道前生后世的因果命运）；十七者、有求皆从（所求诸事，皆能遂其所愿）；十八者、眷属欢乐（家庭和睦，亲人欢乐）；十九者、诸横消灭（无飞来横祸，得享安宁）；二十者、业道永除（过去种种恶业都可以消除）；二十一者、去处尽通（无论到哪儿去，或谋求什么职业，都能通达顺利）；二十二者、夜梦安乐（夜间睡眠平和安乐）；二十三者、先亡离苦（故世的先人可以脱离恶道的苦难）；二十四者、宿福受生（本有宿福的，可以转生天上）；二十五者、诸圣赞叹（常常得到有德之人的赞美）；二十六者、聪明利根（六根聪明，智慧明达）；

二十七者、饶慈愍心（心怀慈悲，怜悯众生）；二十八者、毕竟成佛（善根不断增长，最终必定成佛）。

“此外，虚空藏菩萨，倘若现在未来的天众、龙众、鬼神等众，能够听到地藏菩萨的名号，瞻礼地藏菩萨的形像，或者听到《地藏菩萨本愿经》，了解到地藏菩萨救度众生的本愿和事迹，这样可以得到七种利益：一、速超圣地（能迅速地由凡夫地上升到圣人的地位）；二、恶业消灭（过去所作的种种恶业都能消灭）；三、诸佛护临（得到诸佛菩萨的亲临加持）；四、菩提不退（永不会退转于菩提道，直至成佛）；五、增长本力（原有的神通力量得到增长）；六、宿命皆通（得到宿命通，能知过去未来之事）；七、毕竟成佛（善根不断增长，最终必定成佛）。”

这时，十方世界一切到场的不可说、不可说数的诸佛如来，以及诸大菩萨摩诃萨，天龙八部等等，听到释迦牟尼佛称扬赞叹地藏菩萨的种种大威神力及种种不可思议的功德之后，都发出由衷的感叹，这真是从来都不曾有过的稀有之事啊。这时，忉利天宫如同下雨一般，纷纷扬扬飘落着无量无数最美好的香花、天衣、珠宝、璎珞，来供养释迦牟尼佛及地藏菩萨。供养之后，一切集会的大众再次向释迦牟尼佛及地藏菩萨瞻视顶礼，恭敬合掌，心怀法喜，散会回去了。

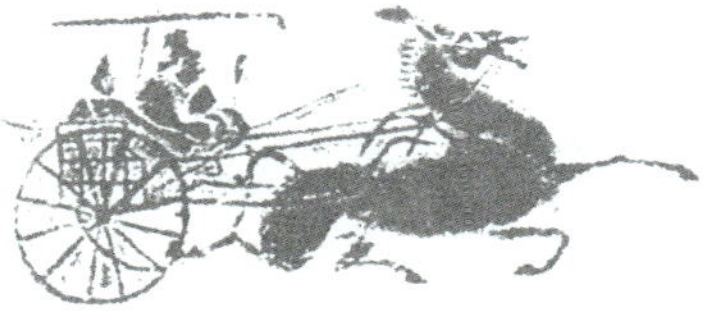

药师经

前　言

《药师琉璃光如来本愿功德经》，简称《药师经》，是佛教净土信仰的重要经典之一。依《药师经》而建立的药师法门是使众生消灾免难、求获福报、自利利他、觉悟成佛的修行法门。《药师经》的救世济人精神曾对中国佛教的普及与发展产生了重要影响，至今汉地佛教寺院早晚课诵或一些佛事当中，均要称念“南无消灾延寿药师佛”。同时，《药师经》与药师法门也是密宗的重要经典与修行方式之一。

一　《药师经》的传译

关于《药师经》的经名，据释迦牟尼佛说有三个：一、药师琉璃光如来本愿功德；二、十二神将饶益有情结愿神咒；三、拔除一切业障。现在流通的经文，一般以第一名称为经题。因为拔除一切业障，就是药师如来本愿功德之力；十二神将的饶益有情，也是护持药师如来的功德法，而令有情获得此功德的法益。所以以本摄末，立名为《药师琉璃光如来本愿功德经》。

本经传来中国，共有五次翻译。第一译，在六朝之初，为东晋帛尸梨密多罗三藏所译，经名“佛说灌顶拔除过罪生死得度经”。但此译并无单行本，而是附于《佛说灌顶大神咒经》中。灌顶经属于密部的法典，有十二卷，本经为最后一卷。尸梨密多罗，此云吉祥友；帛，是龟兹国的王家姓，因此可以断定帛尸梨密多罗为龟兹王族。帛尸梨密多罗是在中国汉地最早翻译密教经典的三藏法师。永嘉年间来华，适逢战乱，渡江止于建康建初寺。以天资高朗，风神超迈，为王导所钦服，由是名声日显，贤达争与缔交。初时江东未有咒法，乃译《孔雀王经》，明示诸神咒。又传授弟子高声梵呗之法，传响迄今不绝。从本经初译的历史也可看出《药师经》与密宗有着很深的渊源。

第二译，是刘宋慧简法师所译，名为《药师琉璃光经》，今已失传。慧简，又作惠简，籍贯、世寿、生平事迹均不详。古人认为此译文并不十分圆满，但据古《大藏》目录中尚载其名，而达摩笈多第三译之《序文》中，亦叙述其事，故信有此译。

第三译，为隋炀帝时达摩笈多译，名《佛说药师如来本愿经》，经本现存。达摩笈多，此云法藏或法护，他曾译出无著的《摄大乘论》、《金刚经论》，可说是一位唯识学者。但此译非他一人独译，还有助译人，所以题为达摩笈多等译。

第四译，即现今的《药师琉璃光如来本愿功德经》一卷，收于《大正藏》十四册，唐朝三藏法师玄奘所译，本书译注主要依据该本。通行本一般在八大菩萨临终护佑一节，依据帛尸梨密多罗译本，补入八大菩萨名号，即文殊师利菩萨、观世音菩萨、得大势菩萨、无尽意菩萨、宝坛华菩萨、药王菩萨、药上菩萨、弥勒菩萨。

玄奘（600—664），俗姓陈，名袆，洛州缑氏（今河南偃师县缑氏镇）人。玄奘在中国佛教史上是一位有着多重贡献的高僧，在世界文化传播史上也有着极其重要的地位。玄奘少年出家，曾游学各地，遍访名师，几乎穷尽了各家学说，深感中土诸师说法不一，验之于佛典经论，也是异说纷纭，使人莫知适从。他特别对当时流行的摄论和地论两个学派关于佛性的不同说法而感到迷惑。为此，他“誓游西方，以问所惑”，决心到印度去求法。经过漫长而艰苦的旅程，前后历经数十个国家，终于来到了佛教的发源地印度，并于贞观七年（633）到达了他西行求法的主要目的地那烂陀寺。经过五年“晨夕无辍”的刻苦钻研，玄奘在那烂陀寺被推为精通佛教经、律、论三藏的十德之一。贞观十九年（645），玄奘满载着名震五印度的声誉，携带大批经像，回到了长安。他西行求法，往返十七年，行程五万里，“所闻所履，百有三十八国”，其中“亲践者一百一十国，传闻者二十八国”，带回大小乘佛教典籍五百二十夹，六百五十七部，此外还有大量的佛像、舍利等。一路见闻后由玄奘口述、辩机编成著名的《大唐西域记》十二卷，这是一部记载西域各国风土人情、物产和宗教状况的不朽著作，素为学术界所重视。玄奘回国后的二十年间，共译出各类佛典七十五部，一千三百三十五卷，占唐代新译佛经的一半以上。其中主要的有大乘空宗的根本经典《大般若经》六百卷和集瑜伽学之大成的《瑜伽师地论》一百卷等。玄奘还把中国的《老子》和流行于中国的《大乘起信论》等由汉文译为梵文，传入印度。玄奘学识渊博，精通佛教各家之说，且兼通梵汉语言文字，因此，他的译经质量达到了前所未有的水平，在中国译经史上开创了一个新时代。后人一般都把鸠摩罗什以前的译经称“古译”，把罗什以后的译经称为“旧译”，而把玄奘的译经称为“新译”。玄奘虽然名列中国佛教史上“四大译师”之一，但他的译经无论是在数量上还是在质量上都超过了其他人。

第五译，是唐武则天时代的义净法师所译，大约比玄奘法师晚二三十年。义净（635—713），俗姓张，名文明，唐齐州（今山东济南）人，一说范阳（今北京西南）人。十四岁出家，十五岁就“仰法显之雅操，慕玄奘之高风”，立志西行求法。义净法师从广州出发，循海路经越南、锡兰等地，也经历许多艰难始达印度，遍访全印的著名学者。回国后译出此经，名《佛说药师琉璃光七佛如来本愿功德经》，共二卷，内容较前四译为广。

本经的前四译，内容大致相同，只有义净译稍异。前者只说药师净土，义净译则有七佛净土。如经中说：“东方去此，过四殑伽河沙佛土，有世界名曰无胜，佛号善名称吉祥王如来”，乃至“东方去此，过九殑伽沙佛土，有世界名善住宝海，佛号法海胜慧游戏神通如来”。这其中六段，都与前四译不同。而关于药师如来净土的介绍，就与前四译基本相同。但同中又有稍异：一、前四种译本，在佛宣说神咒之后，只说大众得闻药师佛名而获利益，义净译则说闻七佛名而得益；二、义净译本中药叉神将闻七佛名号发愿护法，即时诸人众起，七佛应召来会证明其事等文，为其余译本所无；三、义净译多了七佛说咒，名定力琉璃光；四、玄奘译本中没有金刚及梵释诸天各说咒语。现存所依的玄奘译本，其中药师如来所说的神咒一段，也是从义净译本中录出而插进去的。但帛尸梨密多罗译本中有咒语，不过不是在当中，而是附于经末。《药师经》的传译过程从一个侧面说明佛法的流行与传播是因地而异、因时而异的。比如佛灭度百年后，小乘勃兴，大乘隐晦。佛灭度后五百至八百年间，大乘盛行，密教还不大兴盛，后来才慢慢活跃起来。本经的第一译者帛尸梨密多罗三藏，是龟兹人，密法早就流传在龟兹，所以他就编译了《大灌顶神咒经》。义净到印度时，正是印度密典盛行的时代，故义净三藏译出的本经，密宗的色彩较重，玄奘及达摩笈多等则较少。

此外，《药师经》在西藏还有两种译本，内容分别相当于玄奘译本和义净译本。历代以来《药师经》的注疏有实观的《药师本愿经义疏》三卷，窥基、靖迈、神泰、遁伦、憬兴等诸师的《药师本愿经疏》各一卷，太贤《药师本愿经古迹》二卷等。近现代以来的佛教界大德十分注重对药师法门的弘扬，如太虚大师著有《药师本愿经讲记》，印顺法师著《药师经讲记》，吴立民居士著《药师经法研究》等。比较通俗地解说《药师经》的有南怀瑾讲述的《药师经的济世观》。本书在译注体例与内容上主要参考了蒲正信的《药师经注释》。

《药师经》的主要内容是：卷首叙述佛在广严城乐音树下，

对曼殊室利叙说药师如来之十二大愿，并说药师如来之净土是在过东方十殑伽沙等佛土之净琉璃世界，其功德庄严如西方极乐世界。若堕恶道者，闻此如来名号，则得生人间。又，愿生西方极乐世界而心未定者，若闻此如来之名号，则命终时将有八大菩萨乘空而来，示其道径，使其往生彼国。其次，经文又叙述救脱菩萨对阿难说续命幡灯之法，谓修此法可以起死回生。且谓若遭逢人众疾疫、他国侵逼、自界叛逆、星宿变怪、日月薄蚀、非时风雨、过时不雨等各种灾难时，如能供养药师如来，则国界得以安稳，自身可免于九种横死云云。最后，十二神将发愿护持药师经法，护卫流通药师经典，持念药师名号，供养药师佛的众生，使其脱离苦厄、满足所愿，并叙说了结结满愿之法。

二 药师佛与药师信仰

药师，梵名 Bhaiṣajya-guru，音译作鞞杀社婆噜，又作药师如来、药师琉璃光如来、大医王佛、医王善逝、十二愿王。为东方净琉璃世界之教主。此佛于过去世行菩萨道时，曾发十二大愿，愿为众生解除疾苦，使具足诸根，导入解脱，故依此愿而成佛，住净琉璃世界，其国土庄严如极乐国。此佛誓愿不可思议，若有人身患重病，死衰相现，眷属于此人临命终时昼夜尽心供养礼拜药师佛，读诵药师如来本愿功德经四十九遍，燃四十九灯，造四十九天之五色彩幡，其人得以苏生续命。此种药师佛之信仰自古即盛行。

药师佛之形像，据药师琉璃光王七佛本愿功德念诵仪轨供养法载，左手执持药器（又作无价珠），右手结三界印，着袈裟，结跏趺坐于莲花台，台下有十二神将。此十二神将誓愿护持药师法门，各率七千药叉眷属，在各地护佑受持药师佛名号之众生。又一般流传之像为螺发形，左手持药壶，右手结施无畏印（或与愿印），日光、月光二菩萨胁侍左右，并称为药师三尊。此二胁侍在药师佛之净土为无量众中之上首，是一生补处之菩萨。亦有以观音、势至二菩萨为其胁侍者。此外，或以文殊师利、观音、势至、宝坛华、无尽意、药王、药上、弥勒等八菩萨为其侍者。

现代谈到药师，只是配药的人，而古代却不然，药师与医生的含义一样。佛法中常称佛陀为无上医王或大药师，因佛能治疗一切众生的种种疾病。众生的疾病不外乎身心两方面，生理上有三种病——老、病、死；心理上也有三种病——贪、嗔、痴。佛陀出世救济众生，即是为了拔除众生身心的种种病患，故赞叹佛为大医王、大药师。因此，佛教中含有崇高意义的药师一名，绝非世俗所云之配药人。

什么是病？什么是药？病，即是由于不调和所起的现象。如佛经中说："一大不调，百一病生。"人的身体，某一部分不调和，即会有病，更会影响到全身的不调和。心的不调也是这样，我们心理若是有了反常现象，或是有了某种烦恼，便会牵连至全部精神的不安。有病即有苦，所以种种灾难、种种苦痛，无一不是导源于冲突不和而产生的病态。众生有病，便需治之以药。世间的医药以及政治法律等，都可说是药；但在佛法中，药就是佛法——法药。唯有佛法方能疗治一切疾病。病有身心、家庭、团体、国家、世界等不同病态；凡能够减除苦痛，使苦痛变成安乐的，都是药，因此可说世间什么都是药，处处都有药。问题在用药的人是否理解药性，会不会应病与药。佛法是不定法，众生有种种病，佛就用种种法药去对治，因为佛法是依众生的病而施设的，所以说众生有八万四千烦恼，佛说八万四千法门，有了什么病，就治以什么药。药师，本可为一切佛的通称，佛都是善治众生病的。佛体察众生的种种病情，能施设运用种种法药：有人天法药、小乘法药，以及自利利他的菩萨法药等。就这个意义上来说，一切诸佛都是无上医王，都是大药师。不过东方净土的如来，特别重视消灾免难，特重于治理众生身病，所以特以药师为名。

所谓琉璃光，也是药师佛的名字。此中所说的琉璃，是梵语薜琉璃的略译，是一种宝物。颜色如万里无云的碧空，又如澄清深澈的海水，体质坚固，如金刚石，为极稀有的珍宝。这是以琉璃宝的光辉、明净来比喻佛德，所以东方药师佛，又以琉璃光为名。佛与菩萨，皆是依德立名。但佛德崇高，没有完美适当的，所以只能从佛（自利或利他）德的某特性，或用譬喻来勉强诠释。琉璃光的含义，略有两点：

首先，依众生的心境说。本经以东方佛土为净琉璃世界，佛名琉璃光如来。辅佛宣扬正法的，是日光遍照和月光遍照二菩萨，同样是以名喻德，比喻二菩萨度化众生如日月行空，普照一切。众生——人类在生死轮回的过程中，都有一种向上向光明的趣向和要求，佛陀随应众生的心境，也就以明净的青天与日月，表征如来的德性。世间的光明，无过于日光和月光。此二种光明，同是清净的，象征希望与幸福。日光是温暖、富有热情的，一切在日光朗照下，都能明显地发露出来。这喻如智慧的光明，能给予世间以热力，能透过蒙昧，灼照一切，通达世间法与出世法的真相。月光是清凉、安宁、幽静的，在黑夜中放出皎洁清辉，引导人们走上正路，避诸险难，具有大悲慈济的意义。光和热，能够激发人们奋发向上；清凉与宁静，足以陶冶我们的性灵，获得自在与安定——这都是人生所必须的。可见，向上向光明的趣求，是人类普遍的本能和共同的希望，因此药师法门，即以青天与日月的光明，表征佛菩萨的功德，显示人类最高的理想界。

其次，依佛陀的证境说：琉璃光，即佛的自觉境界，以如如智契如如理，在平等一法界中，显发无边光明（清净功德），朗耀皎洁，平等无差别，不是混混沌沌漆黑一团，故喻佛的自证境为琉璃光。佛果的圆满境界，不可思议，不可言说，所以经中每以菩萨的因德，表达如来的果德。如毗卢遮那佛（也是光明遍照意），以文殊、普贤二大士，表彰佛陀的大智与大行。或以四大菩萨，表彰佛的悲（观音）、智（文殊）、行（普贤）、愿（地藏）。本经以日光遍照、月光遍照二菩萨，表彰药师佛的大智慧（日）与大慈悲（月），如日月光辉遍照世间，普济一切。如来所有的无量无边功德，在这两大菩萨的德性中，充分地表现出来。

药师信仰与药师法门是基于《药师经》中所叙述的药师佛的本愿功德（包括十二大愿）而建立佛教修行法门。

所谓本愿功德，愿是愿欲，本愿即菩萨在修行时期所发下的誓愿，将来成佛道时成就什么样的净土。“本”的涵义是因，有因必有果，有果必有因，对于佛果而言，菩萨的阶位称为因地，或称因位。“本”还有根的涵义。菩萨心胸广大，誓愿无量，但以此愿为根本，故曰本愿。本愿的特点不是今世发愿今世成就，而是经过生生世世的修行才能实现的愿望。一般来说，本愿又分总愿与别愿两种。总愿是一切佛、菩萨共同的本愿，即四弘誓愿：众生无边誓愿度，烦恼无尽誓愿断，法门无量誓愿学，佛道无上誓愿成。此四弘誓愿是菩萨所立，凡是大乘行者皆宜牢记和实践，可以简单概括为“上求菩提、下化众生”两句，是大乘佛教的根本精神。所谓别愿，即佛、菩萨由各自之意乐所立之誓愿。如阿弥陀佛有异于他佛之四十八愿，药师佛亦有十二愿。

本愿思想来源于佛菩萨的本生故事。在较早传译至中国的般若类经典，如《道行般若》与《放光般若》中，便出现了本愿思想的萌芽。在本生故事中，主要宣扬菩萨修行佛法，难行能行、难忍能忍，以至于能够舍身布施。在般若类经典中，菩萨修行六波罗蜜，为的是征服内心的私欲，解脱一切痛苦与恐怖，同时由此功德立愿，在将来所建设的净土中，从一开始就没有痛苦、怖畏与不如意。这样一个国土，没有禽兽、盗贼，饮食充足随意，人民健康无病，没有嗔恚、愚痴，人人奉行十善、修学佛法。本愿所描绘的内容，便是一个安全、慈善、富足、洁净的净土蓝图。

随着总愿性质的本愿的产生，别愿性质的本愿纷纷出现。如阿弥陀佛的四十八愿、阿閦佛的二十愿、弥勒菩萨的奉行十善愿，以及文殊、普贤、观音、地藏等大菩萨所发的不同誓愿，不胜枚举。其中，药师佛的十二大愿是其中别具一格、内容丰富，影响较大的本愿信仰之一。药师佛的十二大愿分别是：

第一大愿：愿我来世，得阿耨多罗三藐三菩提时，自身光明，炽然照耀无量无数无边世界，以三十二大丈夫相，八十随形，庄严其身，令一切有情，如我无异。

第二大愿：愿我来世，得菩提时，身如琉璃，内外明彻，净无瑕秽，光明广大，功德巍巍，身善安住，焰网庄严，过于日月；幽冥众生，悉蒙开晓，随意所趣，作诸事业。

第三大愿：愿我来世，得菩提时，以无量无边智慧方便，令诸有情，皆得无尽所受用物，莫令众生有所乏少。

第四大愿：愿我来世，得菩提时，若诸有情行邪道者，悉令安住菩提道中；若行声闻、独觉乘者，皆以大乘而安立之。

第五大愿：愿我来世，得菩提时，若有无量无边有情，于我法中修行梵行，一切皆令得不缺戒，具三聚戒，设有毁犯，闻我名已，还得清净，不堕恶趣。

第六大愿：愿我来世，得菩提时，若诸有情，其身下劣，诸根不具，丑陋顽愚，盲聋喑痖，挛躄背偻，白癞颠狂，种种病苦，闻我名已，一切皆得端正黠慧，诸根完具，无诸疾苦。

第七大愿：愿我来世，得菩提时，若诸有情，众病逼切，无救无归，无医无药，无亲无家，贫穷多苦，我之名号一经其耳，众病悉除，身心安乐，家属资具，悉皆丰足，乃至证得无上菩提。

第八大愿：愿我来世，得菩提时，若有女人，为女百恶之所逼恼，极生厌离，愿舍女身。闻我名已，一切皆得转女成男，具丈夫相，乃至证得无上菩提。

第九大愿：愿我来世，得菩提时，令诸有情，出魔罥网，解脱一切外道缠缚；若堕种种恶见稠林，皆当引摄置于正见，渐令修习诸菩萨行，速证无上正等菩提。

第十大愿：愿我来世，得菩提时，若诸有情，王法所录，绳缚鞭挞，系闭牢狱，或当刑戮，及余无量灾难凌辱，悲愁煎逼，身心受苦；若闻我名，以我福德威神力故，皆得解脱一切忧苦。

第十一大愿：愿我来世，得菩提时，若诸有情，饥渴所恼，为求食故，造诸恶业，得闻我名，专念受持，我当先以上妙饮食，饱足其身；后以法味，毕竟安乐而建立之。

第十二大愿：愿我来世，得菩提时，若诸有情，贫无衣服，蚊虻寒热，昼夜逼恼；若闻我名，专念受持，如其所好，即得种种上妙衣服，亦得一切宝庄严具、华鬘涂香，鼓乐众伎，随心所玩，皆令满足。

总的来看，药师佛的十二大愿包括了正报庄严、身光破暗、智慧资生、导入大乘、得戒清净、得身健美、安康乐道、转女成男、魔外归正、解脱忧苦、得妙饮食、得妙衣服等十二个方面的内容。《药师经》的大量篇幅、药师佛的根本大愿主要是与解脱众生的现世疾苦、获得现世利益联系在一起的。药师佛的十二大愿，全是从现实问题出发，而且主要是为贫困者着想。早期佛教（包括原始佛教与部派佛教）从对人生的体察，多属生老病死的自然过程和自然现象，追求的是个人烦恼生死的解脱，而较少关注社会问题，尤其是贫困问题。《药师经》以净土为号召，将佛教的关注点从社会上层转向下层民众和现实生活，为佛教的信仰开辟了更深厚的土壤。《药师经》对贫困生活的体察很细致，解决的方法也很实际。例如第十一大愿，对穷人因为饥寒交迫所逼迫不得已而犯罪，就给予了很大的同情。经中并没有给贫寒者定罪，而是首先解决他们的温饱问题，然后再为他们说法，令其弃恶从善。

《药师经》的另一大特点是对身心健康的重视与疗救众生疾苦的承诺。《药师经》的大量篇幅、药师佛的根本大愿主要是与解脱众生的现世疾苦、获得现世利益联系在一起的。从古至今，健康都是人类幸福生活最根本的保证。世界卫生组织对人的健康定义是“不但没有身体的缺陷和疾病，还要有完整的生理、心理状态和社会适应能力”，药师佛的大愿首先满足了人们治愈身心疾病的基本欲求。药师佛、日光月光两大菩萨、文殊师利、观世音、大势至、无尽意、宝坛华、药王、药上、弥勒等八大菩萨及十二护法神将仿佛组成了一支治病救人的医疗队伍，以无量广大的悲心与神通，为处于疾病困厄中的众生带来一线光明。当然，药师佛的大愿并非仅限于治疗疾病，而是涵盖了人类物质生活与精神生活的诸多方面，如饮食、衣服、住所、生育、教育、事业等等，而最重要的是，营造了一个和谐圆满的修学环境，渐渐引导人们解脱轮回，趣向菩提。从这一点来说，药师净土与西方净土的旨归别无二致。而对于世间未能忘怀名利的人，未能深厌男女情欲、美食、欲望的人，如果要他们去修习西方净土往生法门，则往往因为众生身修净土而却心恋世间，终未得到多大的受用。就不离欲而成佛智的角度来看，修习药师佛的法门来得更加简单有效。修行者只要凭着信心，精进不懈，久而久之，也定可以随愿成就。救人祛病、延年益寿、而且更能于一切成就处直趋菩提、永不退转，又何乐而不为呢？

三 《药师经》的影响

《药师经》及东方净土信仰是中国佛教净土思想的重要组成部分之一。佛教的净土信仰当中有两处特别殊胜的净土：一个是位于我们生活的娑婆世界以西的西方极乐净土；另一个在我们这个世界以东，药师佛的东方琉璃净土。西方净土的教主阿弥陀佛，在因地发四十八大愿，令众生来世往生极乐；而东方净土的药师如来，在因地发了十二大愿，更为重视人生的现世快乐。所以在佛教徒中自然形成这样一种观念：往生西方念阿弥陀佛，消灾延寿念药师如来。西方净土的弘扬，一向为教界所重视，相关典籍可谓汗牛充栋；而东方药师法门却鲜少有人提倡，这方面的著述更寥寥无几。这一现象也使得社会对佛教产生了诸多误会，认为信佛但求来世快乐而不重视现世的人生，甚至认为佛教乃逃避现实的宗教。近代佛教领袖太虚大师为改变人们这种错误认识，大力提倡人间佛教，并亲自讲解过《药师经》，认为可以依药师法门创建人间净土。太虚大师之所以特别重视对《药师经》的弘扬有三方面的理由：

一、近现代人类社会重视现生安乐。现代人类所重视的是现实的人生，要求现实生活得理想、安乐。佛法所说的乐，大抵有三种：一曰现法乐、二曰后世乐、三曰究竟解脱乐。世间众生有种种苦痛的煎迫，因此离苦得乐是众生内在的最根本的需求，而所有的安乐归纳起来，总不外乎现生乐、后世乐、或是究竟解脱乐。然而，众生的根性各异，生活于不同的时空里，其所企求的安乐境界也就有所不同。有的众生倾向后世乐，有的众生要求究竟解脱乐，而现代人类则特别重视现法乐。释迦牟尼开创佛教，是为了使众生同证究竟解脱乐，因此，从某种意义上来说，佛法的基本精神是出世的。但是，由于众生的要求不同，若仅说究竟解脱乐，便不能普应乐求不同的广大众生，因此释迦牟尼佛又开示了东方净土的药师法门，与西方净土的弥陀法门。一般以为药师佛是延生的，阿弥陀佛是度亡的，其实这是通俗的说法。若根据佛法的正义来说，东方药师琉璃光如来的净土法门，是适应一类众生希求的现生乐；西方阿弥陀佛的净土法门，则是适应另一类众生所希求的后世乐。但这二者，同以净土为方便，引导趣入大乘，得究竟解脱为终极。

二、东方净土与中国文化相契合。释迦牟尼佛所开示的东方净土与西方净土二大法门，是意味深长的。释迦牟尼佛出生于印度，从地理方位上看，印度以西的人，多倾向类似弥陀净土的思想，印度以东的人，又多类似药师净土的精神。这是说，从印度向西去，人民的宗教思想，无论伊斯兰教还是基督教，总是信仰一神，死后求生于天国，重于信仰及后世乐。从宗教学的角度来看，印度以西的国家，其宗教信仰方式，大多类似于佛教所宣扬的极乐净土，特别重视后世乐。印度以东的国家，如中国则不然。重视现世现生是中国传统文化的突出特点，对外来的佛教也产生了深刻的影响。如孔子说："未知生，焉知死。"中国文化注重现生乐的特点与《药师经》济世救人的净土理念不谋而合，因此此经的思想最能契合中国人心。

三、药师法门与人间净土。所谓的人间净土，就其实质而言，就是要把出世的佛教改造为入世的佛教，把佛教的出世法与世间法更加紧密地结合起来。太虚大师说"今此人间虽非良好庄严，然可凭各人一片清净之心，去修集许多净善的因缘，逐步进行，久之久之，此浊恶之人间便可一变而为庄严之净土；不必于人间之外另求净土，故名为人间净土"（《建设人间净土论》）。他在讲述《药师经》时，着意强调药师佛东方净土"生"的意味，指出，过去偏重于荐魂度鬼的佛教，应该一变而为资养现实人生的佛教。此资生的佛教，即为释迦牟尼佛于《药师经》中所托付的药师法门。这对于过去专重度亡的佛教，有着补偏救弊的作用，因此应"依药师琉璃世界建立新中国及人间净土"。历史上对药师法门的提倡，大抵重在消灾延寿，却不知药师如来在过去生中，曾发菩提心，发广大愿，行大悲行，而后才成就无上佛果，成就清净光明的琉璃世界。如今修习药师法门，应该一面祈求药师如来恩德的加被，一面依佛因地所发的大愿，所行的悲行，躬行实践，以资自净化他，完成人间净土。能依此大愿去实行，不但个体小小灾难可以消除，就是整个国家社会甚至整个世界，也可转为庄严净土。

四 《药师经》与密教

《药师经》是通于显、密与净、密的一部经典，其与密教的关系尤为密切。

首先了解一下净土法门与秘密法门的关系。密宗与净土宗之所以能够兼容，是因为都属于佛教当中的“果上法门”。佛教各个宗派多就凡夫的因位而演说一切诸法，如台、贤、禅、律等皆以因行凭自力升进，唯独净、密二宗乃凭果德他力之加持。净土往生根本凭借的是佛陀愿力，密宗成佛仗持的是大日如来（或其他本尊）的甚深法力。净土宗以念佛与修净业作为往生资粮，密宗的三密相应虽然复杂些，但与他宗的累世苦修相比还是容易些，因此二者都属于佛法修行当中的“易行道”。在过去，有些净土行者，不满意密教；而密教学者，也多少轻视净土；其实净与密，关系最为密切，其性质也最为接近。比如本经，若除却咒语，便纯粹是净土法门；加上了咒语，便又通于密部。又如阿弥陀经，是纯净土法典，但普遍流行的往生咒，即“拔一切业障根本得生净土陀罗尼”，就通于密部。不论净土或密教，佛或本尊，其加被力最受重视。修行者对于佛或本尊的不可思议力，更须具足充分的信心，绝不容许有丝毫的疑念。密部的念咒和净土的念佛，同是以口发音声，作为修行的方便。

在诸多净土经典之中，《药师经》的密教色彩尤为浓郁。《大藏经》中有关药师法门的经典主要集中在密教部，如唐金刚智译《药师如来观行仪轨法》、唐不空译《药师如来念诵仪轨》、唐一行撰《药师琉璃光如来消灾除难念诵仪轨》、元沙制巴译《药师琉璃光七佛本愿功德经念诵仪轨》及《供养法》、清工布查布译《药师七佛供养仪轨如意王经》等。近世弘扬药师法门的藏传佛教大师有诺那上师传授的《药师琉璃光王修持仪轨》、贡嘎上师传授的《药师琉璃光如来修持仪轨》及《薰修药师忏仪》等等。

许颖

2016年1月

如是我闻①，一时薄伽梵游化诸国②，至广严城③，住乐音树下④。与大苾刍众八千人俱⑤，菩萨摩诃萨三万六千⑥，及国王、大臣、婆罗门⑦、居士⑧、天龙八部⑨、人非人等⑩、无量大众，恭敬围绕，而为说法。尔时曼殊室利法王子⑪，承佛威神，从座而起，偏袒一肩，右膝著地，向薄伽梵，曲躬合掌，白言：世尊！惟愿演说，如是相类，诸佛名号，及本大愿殊胜功德，令诸闻者，业障消除，为欲利乐像法转时诸有情故⑫。

【注释】

①如是我闻：为佛教经典固定的开篇用语，又作“我闻如是”、“闻如是”。据经典记载，释迦牟尼佛于入灭之际，嘱托多闻第一的阿难，在将其一生言教整理为经藏时，须于卷首加“如是我闻”一语，以与外道经典有所区别。“如是”，指经中所叙佛陀之言行举止；“我闻”，即经藏结集者阿难自言听闻佛陀之言行。又，“如是”意为信顺自己所闻之法；“我闻”则为坚持其信之人。此即信成就、闻成就，又作证信序。

②薄伽梵：佛的尊称，梵文 Bhagavat，为佛陀十号之一，亦为诸佛之通号，又作婆伽婆、婆伽梵、婆哦缚帝，意译有德、能破、世尊、尊贵，即有德而为世所尊重者之意，在印度用于有德之神或圣者之敬称。据《佛地经论》卷一载，薄伽梵具有自在、炽

盛、端严、名称、吉祥、尊贵等六种意义，其义为吉祥王、大威猛、极尊贵等等，因其含义甚多，故不翻译。我国译经有五不翻译，此为多含不翻，但亦有直译为世尊者。

③广严城：即毗耶离城，梵文 Vaiśālī，古代中印度国名，系古印度十六大国之一,六大都城之一，为离车子族所居之地。此城的位置约位于今印度恒河北岸、干达克河东岸之毗萨尔。据《长阿含经》卷三《游行经》载，此城于佛陀在世时颇为繁荣，人民皆信乐佛教，佛陀在此城预言自己即将入灭，著名的维摩诘居士就居住在这个地方。玄奘《大唐西域记》卷七中记载，此国周围五千余里，土地沃壤，风俗淳质，有天祠数十，异道杂居。城西北五六里有一伽蓝，住少数僧徒，学习正量部法，东有舍利子等证果之故迹塔，东北三里有维摩大士故宅塔，其附近即维摩现疾说法处及庵摩罗女故宅塔等，城西北系佛陀最后所行之故趾塔。佛陀入灭百年后，七百贤圣于此举行了第二次结集。

④乐音树：树名。因其树林中，迦陵频伽鸟出和雅音，微风吹动，枝叶作种种奇妙自然音声，如同奏乐，故名乐音。

⑤大苾（bì）刍：苾刍即比丘，指受过具足戒的男性出家人，梵文 Bhiksu，音译作比丘、苾刍、备刍、比呼等，意译为乞士，言其上从如来乞求佛法而养育法身慧命，下从世俗乞求衣食以存活色身。比丘

之含义有五种：乞士（行乞食以清净自活者）、破烦恼、出家人、净持戒、怖魔。比丘依法出家，舍弃家财，游化人间，乞食活命，随处宣教，度诸有缘，威仪端严。大比丘为比丘中之德高年长者。佛经当中最常见的说法是当佛陀说法时常有“大比丘众，千二百五十人具，皆大阿罗汉”。

⑥菩萨摩诃萨：乃菩提萨埵与摩诃萨埵之简称。菩萨，梵文 Boddhi-sattva，意译作道众生、觉有情、道心众生等。菩提，觉、智、道之意；萨埵，众生、有情之意。菩萨，即指以智上求无上菩提，以悲下化众生，修诸波罗蜜行，于未来成就佛果之修行者。摩诃萨，梵文 Mahasattva，摩诃汉译为大，摩诃萨埵即大有情、大众生，谓此大众生愿大、行大、度众生大，于世间诸众生中为最上，不退其大心，故称摩诃萨埵。

⑦婆罗门：梵文 Brāhmṇa，意译净行、梵行、梵志、承习，为古印度种姓制度（其余三姓为刹帝利、吠舍、首陀罗）中居最上位的僧侣、学者阶层，为古印度一切知识的垄断者。据《长阿含经》卷六《小缘经》、卷十五《种德经》、《慧琳音义》卷二十九等载，婆罗门由梵天之口生，颜貌端正，清净高洁，以习《吠陀》、司祭祀为业。依《摩奴法典》规定：四姓中除最低之首陀罗外，其余三姓皆得诵习《吠陀》，自作祭祀，然为他人祭师，教他人《吠陀》、受施等则仅限于婆罗门。古印度婆罗门一生可分为

四期：(1)梵行期，八岁就师，其后十二年学《吠陀》、习祭仪。(2)家住期，返家结婚生子，祭祖灵、营俗务。(3)林栖期，年老则家产让子，栖居树林修苦行，专心思维，入宗教生活。(4)遁世期，绝世俗之执著，被粗衣，持水瓶，游行遍历。遁世期之婆罗门行法，后为印度佛教沿用者不少，如游行、乞食、雨安居等。以婆罗门阶级为中心形成了婆罗门教，以吠陀信仰为核心，遵守四姓制度，主张婆罗门至上，重视祭祀，以期生天涅槃之教派，后来演化为印度教。

⑧居士：梵文 Grha-pati，意为家长、家主、长者之义，原指吠舍阶级的豪富者，或指在家的有道之士。汉语中居士一词原出于《礼记·玉藻篇》，于《韩非子》一书中，亦谓有任矞、华仕等居士，皆指颇有道艺而不求仕宦的处士。后泛指居家学佛人士。

⑨天龙八部：合称八部众，为天、龙、夜叉、阿修罗、迦楼罗、乾闼婆、紧那罗、摩睺罗迦，皆为守护佛法而有大力之诸神。八部众中，以天、龙为上首，故标举其名，统称天龙八部。

⑩人非人：人与非人之并称。非人，指人类以外的某类众生。佛典当中对“非人”的解释，所说并非完全相同。有时指天、龙、阿修罗等八部众；有时也包括地狱、饿鬼等众生；有时专指鬼神所幻化而成的“变化人”，彼等虽非人类，然参诣佛陀时，皆

现人形。

⑪曼殊室利：即文殊师利，梵文Mañjuśri，意译为妙德、妙吉祥、妙乐，简称文殊。文殊菩萨是大乘佛教中以智慧著称的菩萨，与普贤菩萨并为释迦牟尼佛的两大胁侍。由于在所有菩萨中，以辅佐释尊弘法而为上首，因此也被称为文殊师利法王子。依大乘经典所载，在所有大菩萨中，文殊菩萨不仅仅是“大智”的象征，而且在过去世曾为七佛之师，其锐利的智慧，被喻为三世诸佛成道之母，因而有“三世觉母妙吉祥”的尊号。据《首楞严三昧经》所载，文殊在久远的过去世早已成佛，号称龙种上如来，于南方平等世界成无上正等觉，寿四百四十万岁而入涅槃。《文殊师利涅槃经》谓，此菩萨生于舍卫国多罗聚落梵德婆罗门家，生时屋宅化如莲华，由其母右胁出生，后至释迦牟尼佛所出家学道。文殊菩萨也是中国佛教著名的四大菩萨之一，所乘之狮子，象征其威猛，以山西五台山为其道场。

⑫像法：像，似之义，像法，乃三时之二时，以其乃相似于正法之教时，故谓之像。佛陀入灭后，依其教法之运行状况，可区分为正法、像法、末法等三时。像法转时，谓佛陀入灭后，像法起行之时。此一时期的佛教仅有教说与修行者，而欠缺证果者。

【译文】

这部经是我（阿难）亲闻佛陀这样宣说的：一时，佛陀游行教化来到广严城，在乐音树下为大众说法。有八千位大比丘，三万六千位大菩萨，以及国王、大臣、婆罗门、居士、天龙八部、人、非人等无量大众恭敬地围绕着佛陀，谛听佛陀为他们说法。这时，文殊师利菩萨仰承佛陀神威之力，从座中起来，袒露右肩，右膝着地，合掌向佛陀鞠躬行礼，说道："世尊！请您为我们开示如此相类诸佛的名号，以及诸佛因地修行时的殊胜功德行愿，使听到的人得以消除业障，使像法转时的一切众生得到利益。"

尔时，世尊赞曼殊室利童子言：善哉！善哉！曼殊室利！汝以大悲，劝请我说诸佛名号，本愿功德，为拔业障所缠有情，利益安乐像法转时诸有情故。汝今谛听，极善思惟，当为汝说。曼殊室利言：唯然！愿说，我等乐闻。

佛告曼殊室利：东方去此过十殑伽沙等佛土①，有世界名净琉璃，佛号药师琉璃光如来②、应③、正等觉④、明行圆满⑤、善逝⑥、世间解⑦、无上士调御丈夫⑧、天人师⑨、佛⑩、薄伽梵。曼殊室利！彼世尊药师琉璃光如来，本行菩萨道时，发十二大愿，令诸有情，所求皆得。

【注释】

①殑（jìng）伽沙：即恒河沙。殑伽，梵文 Gaṅgā，即恒河，为印度三大河之一，发源于雪山南部，其流域即恒河平原，四通八达，丰饶广阔，为数千年来印度文明之中心，佛陀说法亦多在恒河流域。恒河

多沙，其数无量，故经中遇说数目极多时，为通晓起见，即以恒河沙为喻。

②如来：自如来至薄伽梵为佛之十号。如来，梵文Tathāgata，意思是乘如实之道，从因来果而成正觉。如来之涵义又分如来、如去两种：若作如去解，有乘真如之道，而往于佛果涅槃之义；若作如来解，则为由如实道而来，垂化三界。在佛教当中，如来为诸佛之通号。

③应：梵文Arhat，音译阿罗诃，亦作应供、应真。指断尽一切烦恼，智德圆满，应受人天供养、尊敬者。

④正等觉：亦作正遍知，真正普遍平等的觉悟，乃三藐三菩提之意译。

⑤明行圆满：亦称明行足、明善行、明行成。明，即阿耨多罗三藐三菩提；行足，即戒、定、慧等。佛陀以智慧为先导而修万行，故成就福慧圆满。

⑥善逝：又作善去、善解、善说无患、好说、好去。善是好，逝是去，善逝者，即如实去彼岸不再退没生死之义。

⑦世间解：指佛能了知世间与出世间的一切真理，既了知世间之因、世间之灭，亦了知出世间之道，于世间出世间一切事理性相，明解照了。

⑧无上士调御丈夫：指如来之智德，于人中最胜，无有过之者，故称无上士；佛善能摧伏魔军，勇敢无畏，善能调御一切，故称调御丈夫。

⑨天人师：佛陀为诸天与人类之导师，示导一切应作

不应作、是善是不善，若能依教而行，不舍道法，能得解脱烦恼之报，故称天人师。又以佛陀度天、人者众，度余道者寡，故称为天人师。

⑩佛：梵文 Buddha，音译佛陀、浮屠等，意译为觉、觉者，即觉悟真理者之意。亦即具足自觉、觉他、觉行圆满，如实知见一切法之性相，成就等正觉之大圣者，是佛教修行的最高果位。

【译文】

此时，世尊赞叹文殊师利菩萨说："很好！很好！文殊师利！你以大悲心，劝请如来广说诸佛名号及本愿功德，为了要救拔那些受业障缠缚的众生，及利益安乐像法时期的一切众生。现在你仔细倾听，并如法思惟，我来为你们宣说。"文殊师利回答说："是的，请您为我们宣说，我们欢喜恭听。"

佛告诉文殊师利说："从此娑婆世界向东，经过十恒河沙等数量的佛土，有一世界，名净琉璃，其土有佛，号药师琉璃光如来、应供、正等觉、明行圆满、善逝、世间解、无上士、调御丈夫、天人师、佛、世尊。文殊师利！这位药师琉璃光如来在成佛前，行菩萨道时，曾发十二大愿，要令一切众生所求皆能满足。"

第一大愿：愿我来世，得阿耨多罗三藐三菩提时①，自身光明，炽然照耀无量无数无边世界，以三十二大丈夫相②，八十随形③，庄严其身，令一切有情，如我无异④。

第二大愿：愿我来世，得菩提时，身如琉璃，内外明彻，净无瑕秽，光明广大，功德巍巍，身善安住，焰网庄严，过于日月；幽冥众生，悉蒙开晓，随意所趣，作诸事业[5]。

【注释】

①阿耨多罗三藐三菩提：梵文 Anuttara-samyak-saṃbodhi，意译无上正等正觉、无上正遍知。"阿耨多罗"为无上，"三藐三菩提"意为正遍知，指佛陀所觉悟的智慧平等圆满，以其所悟为至高，故称无上；以其周遍无所不包，故称正遍知。大乘菩萨行之全部内容，即在成就此种觉悟。

②三十二大丈夫相：指转轮圣王或佛之应化身所具足之三十二种殊胜容貌与微妙形相。三十二大丈夫相为：(1)足下平安立相，又作足下平满相。即足底平直柔软，安住密著地面之相。此相表引导利益之德。(2)足下二轮相，又作千幅轮相。即足心现千幅宝轮之肉纹相。表照破愚痴与无明之德。或谓"足"亦指手足，故又称手足轮相或手掌轮相。(3)手指长相，又作指纤长相、指长好相：即两手、两足皆纤长端直之相。表寿命长远、令众生爱乐皈依之德。(4)足跟广平相，又作足跟圆满相。即足踵圆满广平，系由持戒、闻法、勤修行业而得之相。表化益尽未来际一切众生之德。(5)手足指缦网相，又作指间雁王相。即手足一一指间，皆有缦

网交互连接之纹样。表离烦恼恶业，至无为彼岸之德。(6)手足柔软相，又作手足如兜罗绵相。即手足极柔软，如细劫波毳之相。表佛以慈悲柔软之手摄取亲疏之德。(7)足趺高满相，又作足趺隆起相、即足背高起圆满之相。表利益众生、大悲无上之内德；(8)伊泥延蹲相，又作腨如鹿王相。即股骨如鹿王之纤圆，表一切罪障消灭之德。(9)正立手摩膝相，又作垂手过膝相。即立正时，两手垂下，长可越膝。表降伏一切恶魔、哀愍摩顶众生之德。(10)阴藏相，又作马阴藏相。即男根密隐于体内如马阴之相。表寿命长远，得多弟子之德。(11)身广长相，又作尼卢陀身相。指佛身纵广左右上下，其量全等，周匝圆满，如尼拘律树。表法王尊贵自在之德。(12)毛上向相，又作毛上旋相（身毛右旋相）。即佛一切发毛，由头至足皆右旋。其色绀青、柔润。此相由行一切善法而有，能令瞻仰之众生，心生欢喜，获益无量。(13)一一孔一毛生相，又作一孔一毛不相杂乱相。即一孔各生一毛，其毛青琉璃色，一一毛孔皆出微妙香气。(14)金色相，又作真妙金色相。指佛身及手足悉为金色，如众宝庄严之妙金台。此德相能令瞻仰之众生厌舍爱乐，灭罪生善。(15)大光相，又作常光一寻相。即佛之身光任运普照三千世界，四面各有一丈。此相表一切志愿皆能满足之德。(16)细薄皮相，又作身皮细滑尘垢不著相。即皮肤细薄润泽，一切尘垢不染。表佛之平等无垢，以大慈悲化益众生之德。(17)七处隆满相，又作七处满肩相。指两手、两足下、两肩、颈项等七处之内皆隆满、柔软。此相表一切众生得以灭罪生善之德。(18)两腋下隆满相，又作肩膊圆满相。即佛两腋下之骨肉圆满不虚。系佛予众生医药、饭食，又自能看病所感之妙德。(19)上身如狮子相，又作狮子身相。指佛上半身广大，行住坐卧威容端严，一如狮子王，表威容高贵、慈悲满足之德。(20)大直身相，又作身广洪直相。谓于一切人中，佛身最大而直，能令见闻之众生止苦、得正念、修十善行。(21)肩圆好相，又作两肩平整相。即两肩圆满丰腴，殊胜微妙之相。表灭惑除业等无量功德。(22)四十齿相，又作具四十齿相。指佛具有四十齿，一一皆齐等，平满如白雪。此一妙相能制众生之恶口业，灭无量罪，受无量乐。(23)齿齐相，又作齿密齐平相。即诸齿皆不粗不细，齿间密接而不容一毫。表能清净和顺、同心眷属之德。(24)牙白相，又作齿白如雪相。即四十齿外，上下各有二齿，其色鲜白光洁，锐利如锋、坚固如金刚。此妙相能摧破一切众生强盛坚固之三毒。(25)狮颊相，又作颊车如狮子相。即两颊隆满如狮子颊。见此相者，得灭百劫生死之罪，面见诸佛。(26)味中得上味相，又作知味味相。指佛口常得诸味中最上味。表佛之妙法能满足众生之愿。(27)大舌相，又作广长舌相。即舌头广长薄软，伸展可复至发际。观此相则灭百亿八万四千劫生死罪，而得值八十亿之诸佛菩萨受记。(28)梵声相，又作声如梵王相。即佛清净之梵音，洪声圆满，如天鼓响，亦如迦陵频伽鸟之音，闻者随其根器而得益生善，大小权实亦得惑断疑消。(29)真青眼相，又作绀青色相。即佛眼绀青，如青莲花。系由生生世世以慈心慈眼及欢喜心施予乞者所感得之相。(30)牛眼睫相，又作牛王睫相。指睫毛整齐而不杂乱。此相系由观一切众生如父母，以思一子之心怜愍爱护而感得。(31)顶髻相，又作乌瑟腻沙相。即顶上有肉，隆起如髻形之相。系由教人受持十善法，自亦受持而感德之相。(32)白毛相，又作眉间毫相。即两眉之间有白毫，柔软如兜罗绵，长一丈五尺，右旋而卷收，以其常放光，故称毫光、眉间光。因见众生修三学而称扬赞叹，遂感此妙相。以上三十二相，行百善乃得一妙相，称为“百福庄严”。

③八十随形：又称八十随形好，指佛身所具相好中八十种微细隐密难见者。具体包括：(1)指爪狭长，薄润光洁。(2)手足之指圆而纤长、柔软。(3)手足各等无差，诸指间皆充密。(4)手足光泽红润。(5)筋骨隐而不现。(6)两踝俱隐。(7)步行直进，威仪和穆如龙象王。(8)行步威容齐肃如狮子王。(9)行步平安犹如牛王。(10)进止仪雅宛如鹅王。(11)回顾必皆右旋如龙象王之举身随转。(12)肢节均匀圆妙。(13)骨节交结犹若龙盘。(14)膝轮圆满。(15)

隐处之纹妙好清净。(16)身肢润滑洁净。(17)身容敦肃无畏。(18)身肢健壮。(19)身体安康圆满。(20)身相犹如仙王，周匝端严光净。(21)身之周匝圆光，恒自照耀。(22)腹形方正，庄严。(23)脐深右旋。(24)脐厚不凸不凹。(25)皮肤无疥癣。(26)手掌柔软，足下安平。(27)手纹深长明直。(28)唇色光润丹晖。(29)面门不长不短，不大不小如量端严。(30)舌相软薄广长。(31)声音威远清澈。(32)音韵美妙如深谷响。(33)鼻高且直，其孔不现。(34)齿方整鲜白。(35)牙圆白光洁锋利。(36)眼净青白分明。(37)眼相修广。(38)眼睫齐整稠密。(39)双眉长而细软。(40)双眉呈绀琉璃色。(41)眉高显形如初月，(42)耳厚广大修长轮埵成就。(43)两耳齐平，离众过失。(44)容仪令见者皆生爱敬。(45)额广平正。(46)身威严具足。(47)发修绀青，密而不白。(48)发香洁细润。(49)发齐不交杂。(50)发不断落。(51)发光滑殊妙，尘垢不著。(52)体坚固充实。(53)身体长大端直。(54)诸窍清净圆好。(55)身力殊胜无与等者。(56)身相众所乐观。(57)面如秋满月。(58)颜貌舒泰。(59)面貌光泽无有颦蹙。(60)身皮清净无垢，常无臭秽。(61)诸毛孔常出妙香。(62)面门常出最上殊胜香。(63)相周圆妙好。(64)身毛绀清净。(65)法音随众，应理无差。(66)顶相无能见者。(67)手足指网分明。(68)行时其足离地。(69)自持不待他卫。(70)威德摄一切众。(71)音声不卑不亢、随众生意。(72)随诸有情，乐为说法。(73)一音演说正法，随有情类各令得解。(74)说法依次第，循因缘。(75)观有情，赞誉毁恶而无爱憎。(76)所为先观后作，具足轨范。(77)相好，有情无能观尽。(73)顶骨坚实圆满。(79)颜容常少不老。(80)手足及胸臆前，俱有吉祥喜旋德相(即卍字)。

④药师佛的第一大愿是正报庄严，相好如我愿。也就是开发自性的光明，遍照无量无边世界，使人民身心美善，相好端严。

⑤药师佛的第二大愿是身光破暗，身光利他愿。也就是将智慧光明普照众生，使之自然清净，业障消除，所作事业，悉皆成就。

【译文】

药师琉璃光如来在因地修菩萨道时，所发的十二大愿是：

第一大愿：愿我来世成佛之时，自身能放大光明，炽燃遍照无量无数无边世界。以三十二相，八十随形好，庄严佛身的同时，令一切众生，皆如我一样庄严。

第二大愿：愿我来世成佛之时，身如青色琉璃宝，内外明彻，洁净无瑕。光明广大，遍照一切处，功德无量，如山巍巍，善能安住，此琉璃光身安住于庄严灿烂的焰网之中，其光耀超过日月。使处于黑暗痛苦中的众生，蒙佛光照耀，烦恼痛苦悉皆解脱，智慧开晓，随心所欲成办一切事业。

第三大愿：愿我来世，得菩提时，以无量无边智慧方便，令诸有情，皆得无尽所受用物，莫令众生有所乏少[①]。

第四大愿：愿我来世，得菩提时，若诸有情行邪道者，悉令安住菩提道中；若行声闻[②]、独觉乘者[③]，皆以大乘而安立之[④]。

第五大愿：愿我来世，得菩提时，若有无量无边有情，于我法中修行梵行，一切皆令得不缺戒，具三聚戒[⑤]，设有毁犯，闻我名已，还得清净，不堕恶趣[⑥]。

【注释】

①药师佛的第三大愿是智慧方便、受用无尽愿。在净琉璃世界人人平等、各显智力，无事不成，受用无量。

②声闻：指听闻佛陀声教而证悟的出家弟子。声闻原指佛陀在世时的诸弟子，后与缘觉、菩萨相对，而为二乘或三乘之一。声闻乘，是专为声闻所说的教法，其主要内容是观四谛之理，修三十七道品，断见、思二惑而次第证得四沙门果，以期入于“灰身灭智”之无余涅槃。

③独觉：亦作缘觉、辟支佛，指独自修道悟道，观十二因缘之理而断惑证理的修行者，不禀佛教，无师独悟，性乐寂静而不事说法。在佛教中，缘觉与声闻合称二乘。乘，车乘、运载之义。佛所说的教法，如舟筏能够运载众生从迷至悟，故称之为乘。

在佛教中，声闻、缘觉二乘被认为是不究竟的，因为二者只能自利而不能利他，只能成就自身的解脱而无法使无量众生一起到达解脱的彼岸，因此有时也被称为小乘。《法华经·方便品》中云："佛自住大乘，如其所得法定慧力庄严，以此度众生，自证无上道大乘平等法，若以小乘乃至化一人我则堕悭贪。"

④药师佛的第四大愿是安住菩提、导归大乘愿。使误入邪道的众生和心胸狭隘的修行者，走上菩提觉悟的正道，发大菩提心，安住于大乘，而不退堕。

⑤三聚戒：也作三聚净戒。三聚，指大乘菩萨的戒法。三聚戒即摄律仪戒、摄善法戒、饶益有情戒三者。摄律仪戒即止一切恶行，所谓诸恶莫作，如五戒、十戒等皆是。摄善法戒即作一切善法，所谓众善奉行，如布施、持戒、忍辱等六度四摄法门。饶益有情戒即广修一切善法以饶益众生，若只自利而不利他，即为犯戒。

⑥药师佛的第五大愿是三聚净戒，闻名清净。净土众生行为都合于道德，人格完善，符合大乘佛法诸恶莫作、众善奉行的基本要求，即使偶尔有所悔犯，得闻药师佛名，还得清净。

【译文】

第三大愿：愿我来世成佛之时，以无量无边的智慧，起无量无边的方便妙用，随机设法，施物资济一切有情众生，令其受用无尽，生活丰裕没有缺乏。

第四大愿：愿我来世成佛之时，使一切误入邪道的有情众生，舍邪归正，走上菩提觉悟的正道。行声闻、独觉的小乘众生，无论已证果还是未正果，皆使由二乘心，转而安住于大乘法中，一入永入，不令退堕。

第五大愿：愿我来世成佛之时，令修习药师法门的无量众生中，戒行清净，无有缺损，而能具足受持三聚净戒。即使一时迷昧而毁犯戒法，也能由于闻我药师佛名，立刻还得清净，不至于堕入恶道之中。

第六大愿：愿我来世，得菩提时，若诸有情，其身下劣，诸根不具[①]，丑陋顽愚，盲聋喑痖[②]，挛躄背偻[③]，白癞颠狂[④]，种种病苦，闻我名已，一切皆得端正黠慧，诸根完具，无诸疾苦[⑤]。

第七大愿：愿我来世，得菩提时，若诸有情，众病逼切，无救无归，无医无药，无亲无家，贫穷多苦，我之名号一经其耳，众病悉除，身心安乐，家属资具，悉皆丰足，乃至证得无上菩提[⑥]。

【注释】

①诸根不具：诸根指六根，即眼、耳、鼻、舌、身、意等六种感觉器官，或认识能力。不具则谓不全，即身心有残废之人。

②盲聋喑痖（yǐnyǎ）：盲者，眼根不具；聋者，耳根不具；喑者，为喉舌不充，发音不亮，亦关鼻根，鼻喑发音不明，亦不嗅；痖者，不能声响，舌根全

坏，喑痖者为舌根不具。

③挛躄（luánbì）背偻（lǚ）：挛，两手挛曲不直，拘曲也；躄，两足俱废；背偻，即驼背。

④白癞颠狂：白癞，即麻风病；颠狂，为精神病。

⑤药师佛的第六大愿是六根完具，得身健美愿。使一切人民凡有疾苦，特别是那些难以治愈、给人带来极度痛苦的残疾或病痛，悉得救治。

⑥药师佛的第七大愿是除疾安贫、安康乐道愿。使那些孤苦伶仃、贫病交加的众生闻名离苦，眷属、资具、医药具足，而且能够修学佛法，直至证得无上菩提。

【译文】

第六大愿：愿我来世成佛之时，若有身体残缺不全，五官不正，丑陋愚笨，眼瞎耳聋，声音沙哑不能说话，两手弯曲不能直，两足俱废，乃至驼背，麻风，精神失常等种种病苦的众生，只要听闻到药师如来的名号，皆能得到救治，宿疾消灭，端正聪明，五官完整，没有任何疾病痛苦。

第七大愿：愿我来世成佛之时，若有众生受众病逼迫，无人救治，无所依托，或无力就医买药，没有亲人服侍照顾，贫穷多苦，如此病痛贫苦之人，只要听闻到药师如来名号，即可众病消除，身心安乐，家属资财具足丰饶，还可以修学佛法，直至证得无上菩提。

第八大愿：愿我来世，得菩提时，若有女人，为女百恶之所逼恼，极生厌离，愿舍女身。闻我名已，一切皆得转女成男，具丈夫相，乃至证得无上菩提①。

第九大愿：愿我来世，得菩提时，令诸有情，出魔罥网②，解脱一切外道缠缚③；若堕种种恶见稠林④，皆当引摄置于正见⑤，渐令修习诸菩萨行⑥，速证无上正等菩提⑦。

【注释】

①药师佛的第八大愿是男女平等、转女成男愿。古印度是重男轻女十分严重的社会，妇女的身心痛苦和障碍比男性更为深重。因此，此愿虽为转女成男愿，实则体现了男女平等的精神与将妇女从无边的苦难中解救出来的悲心。

②罥（juàn）网：罥，套索。《晋书·吕光载记》：“胡便弓马，善矛矟，铠如连锁，射不可入，以革索为罥，策马掷人，多有中者。”后来，凡捕兽用索套，皆称之为罥。网，亦为捕鸟兽鱼类的工具。《易·系辞》下：“作结绳而为网罟，以佃以渔。”引申为张网捕捉。

③外道：指佛教以外的一切宗教学说。初为佛教称其他教派之语，佛教自称为内，将其他宗教或学派称为外道，并无贬义。后世佛教徒站在佛教乃绝对之真理的角度，于佛教以外立道，或道外之道乃不合乎“真理”，外道遂成为侮蔑排斥之贬称，意为真理以外之邪法者。

④恶见：指对诸法真理起不正之见解，又作不正见，邪见。具体来说又有我见、边见、邪见、见取见、戒禁取戒等多种行相。

⑤正见：指正确的知见，即能解知世间出世间因果，如实审虑诸法性相之有漏无漏的般若智慧。正见是八正道和十善之一，也就是对因果、事理、四圣谛及三法印等信受理解，并以之作为自己的见地。八正道以正见为首，因为有了正见，才能够对于事理有正确的认识，从而破除虚妄与偏见，悟入正道。

⑥菩萨行：指菩萨自利利他圆满佛果所修持之大行。具体来说，即是行四摄六度。四摄为：布施、爱语、利行、同事；六度为：布施、持戒、忍辱、精进、禅定、般若。

⑦药师佛的第九大愿是改邪归正、速证菩提愿。引导众生建立正知正见，摆脱天魔外道的惑乱，住于正见，修菩萨行，从而速证菩提。

【译文】

第八大愿：愿我来世成佛之时，若有女人受女身的种种不便而非常痛苦，产生厌离心，想解脱这个女身。此人若听闻到药师如来名号，下一世皆能转女成男，具足丈夫相，乃至精进修行，直到证得无上菩提。

第九大愿：愿我来世成佛之时，令一切众生都能出离恶魔的网罗，解脱外道邪见的缠缚。若是误入种种外道邪见，也要将他们引导摄受于正见的佛法中，令他们渐渐修习菩萨六度万行，从而证无上正等菩提。

第十大愿：愿我来世，得菩提时，若诸有情，王法所录，绳缚鞭挞，系闭牢狱，或当刑戮，及余无量灾难凌辱，悲愁煎逼，身心受苦；若闻我名，以我福德威神力故，皆得解脱一切忧苦①。

第十一大愿：愿我来世，得菩提时，若诸有情，饥渴所恼，为求食故，造诸恶业，得闻我名，专念受持，我当先以上妙饮食，饱足其身；后以法味②，毕竟安乐而建立之③。

第十二大愿：愿我来世，得菩提时，若诸有情，贫无衣服，蚊虻寒热，昼夜逼恼；若闻我名，专念受持，如其所好，即得种种上妙衣服，亦得一切宝庄严具，华鬘涂香，鼓乐众伎，随心所玩，皆令满足④。

【注释】

①药师佛的第十大愿是消灾免难、忧苦解脱愿。众生所遭遇的忧苦不仅仅有自然灾害，还包括社会苦难。古今不乏系闭牢狱，刑戮鞭挞之事，药师佛发愿建设一片无诸忧苦的净土，使一切众生得以解脱。

②法味：妙法的滋味，形容领悟佛法而产生的快乐如同咀嚼美味。佛法究竟是何种味道？《大智度论》卷一百云："佛法皆是一种一味，所谓苦尽解脱味。"

③药师佛的第十一大愿是普济民食、虚腹满飨愿。佛教所说的"食"不仅仅指日常饮食，而是指所有能牵引、维持、培育有情身心及圣者法身的精神或物

质条件。药师净土中不但一切人民饮食供给无有缺少，具有充足的物质条件，而且是众生饱餐法味，也具有丰富的精神食粮。

④药师佛的第十二大愿是得妙衣服、游戏自在愿。药师净土当中没有饥寒交迫、衣不蔽体的现象，衣食住行等一切施为，皆依民主平等分配。劳动娱乐咸得其宜，五福俱全，文明鼎盛。

【译文】

第十大愿：愿我来世成佛之时，若一切众生受到国家法律的制裁，被绳锁捆绑、鞭打刑问，监禁于狱中，或将受死刑等灾难凌辱，无量悲愁煎逼，身心痛苦，此人若听闻到药师如来名号，则能承佛威德神力，业果转善，心得安定，解脱一切忧苦。

第十一大愿：愿我来世成佛之时，若有众生受饥渴恼，为求安饱而造下种种的恶业，此人若听闻到药师如来名号，专心忆念，信受奉持。那么我当先以上等美妙的饮食，令其饱足，然后再以无上的佛法滋润，除其烦恼，令他安住于究竟解脱的法喜之中。

第十二大愿：愿我来世成佛之时，若有众生因为贫穷，没有遮身护体的衣服，防避寒、暑、蚊、虻的侵袭，昼夜不胜苦恼，此人若听闻到药师如来名号，一心忆念，信受奉持，即能感应佛力加被，如心所愿，不但得到种种美丽妙好的衣服，并且伴随着一切庄严宝物，花鬘涂香，歌舞音乐，随所娱乐，游戏自在，受用庄严，生活丰足。

曼殊室利！是为彼世尊、药师琉璃光如来、应、正等觉，行菩萨道时，所发十二微妙上愿。复次，曼殊室利！彼世尊、药师琉璃光如来，行菩萨道时所发大愿，及彼佛土功德庄严，我若一劫①，若一劫余，说不能尽。然彼佛土，一向清净，无有女人，亦无恶趣，及苦音声。琉璃为地，金绳界道，城阙、宫阁、轩窗、罗网，皆七宝成。亦如西方极乐世界②，功德庄严，等无差别。于其国中，有二菩萨摩诃萨：一名日光遍照③，二名月光遍照④，是彼无量无数菩萨众之上首，次补佛处⑤，悉能持彼世尊、药师琉璃光如来正法宝藏。是故曼殊室利！诸有信心善男子、善女人等，应当愿生彼佛世界。

【注释】

①劫：梵语 Kalpa，音译劫波，意为分别时节、长时、大时。劫，原为古代印度婆罗门教表示极大时限的时间单位，佛教沿用之，以劫为基础来说明世界生成与毁灭之过程。

②西方极乐世界：即阿弥陀佛的西方净土。西方净土在娑婆世界以西过“十万亿佛土”之遥，为阿弥陀佛功德愿力所成。极乐世界中，声闻、菩萨无数，讲堂、精舍、宫殿、楼观、宝树、宝池等均以七宝庄严，微妙严净，百味饮食随意而至，自然演出万种伎乐，皆是法音。其国人等智慧高明，颜貌端

严。但受诸乐，无有痛若，皆能趋向佛之正道。西方极乐世界是中国佛教当中最为普及的净土信仰。

③日光遍照：即日光菩萨，亦作日曜菩萨，为药师如来二胁侍之一；其造像身呈红色，左掌安日轮，右手执朱赤花。日光菩萨的名号取“日放千光，遍照天下，普破冥暗”之意。此菩萨持其慈悲本愿，普施三昧，以照法界俗尘，摧破生死之暗冥，犹如日光之遍照世间。关于日光菩萨的来历，佛经中说，在久远的过去世，电光如来行化世间。当时有一位梵士，养育二子，有感于世间之浊乱，乃发菩提心，誓愿拯救病苦众生。电光如来甚为赞叹，劝梵士改名号为医王，二子改名为日照、月照。当时蒙电光如来咐嘱的梵士，即后来成佛之药师如来，二位子嗣也就是两大胁侍，日光菩萨与月光菩萨。

④月光遍照：即月光菩萨，亦称月净菩萨，与日光菩萨同为药师如来胁侍。依《药师仪轨布坛法》所载，月光菩萨身呈白色，乘于鹅座，手持月轮。

⑤次补佛处：补处，即一生补处，原为“最后之轮回者”之义，谓经过此生，来生定可在世间成佛，即指菩萨之最高位之等觉菩萨。最为佛教徒所熟知的次补佛处的菩萨是弥勒菩萨。据说弥勒菩萨现居兜率天，待此生尽，则下生人间，以补释迦牟尼之佛位。

【译文】

文殊师利！这是东方净土的药师琉璃光如来，应供、正等正觉，在因地行菩萨道时，所发的十二微妙大愿。文殊师利！药师琉璃光如来在因地修菩萨道时，所发的广大悲愿及成佛以后的国土功德庄严，无量无尽，就是用一劫或者超过一劫的时间，也不能说完。净琉璃世界，一向清净，没有女人，也没有三恶道和各种痛苦的声音。其土清净，以琉璃为地；往来之道，以金绳为界；城楼宫殿和屋檐窗户，都是由金、银、琉璃、珍珠、玛瑙、珊瑚、琥珀等七宝所严饰而成。东方琉璃世界的功德庄严与西方极乐世界等无差别。药师佛国之中，有两位大菩萨，一位是日光遍照菩萨，另一位是月光遍照菩萨，这两位大菩萨是药师佛国无量无数菩萨众中的上首，以后将陆续成佛，继承佛位，持守药师琉璃光如来的正法宝藏，使药师如来的教化传持行世。因此，文殊师利！凡对药师佛国的功德庄严发起信心的善男信女，皆应发愿修行，求生药师佛净琉璃世界。”

尔时，世尊复告曼殊室利童子言：曼殊室利！有诸众生，不识善恶，惟怀贪吝，不知布施及施果报，愚痴无智，阙于信根，多聚财宝，勤加守护；见乞者来，其心不喜，设不获已而行施时，如割身肉，深生痛惜。复有无量悭贪有情，积集资财，于其自身尚不受用，何况能与父母、妻子、奴婢、作使、及来乞者。彼诸有情，从此命终，生饿鬼界[①]，或傍生趣[②]。由昔人间，曾得暂闻药师琉璃光如来名故，今在恶趣，暂得忆念彼如来名，即于念时从彼处没，还生人中。得宿命念，畏恶趣苦，不乐欲乐，好行惠施，赞叹施者，一切所有悉无贪惜，渐次尚能以头、目、手、足、血肉身分，施来求者，况余财物！

【注释】

①饿鬼：又作鬼道、鬼趣、饿鬼道，为三涂（地狱、饿鬼、畜生）六道（地狱、饿鬼、畜生、阿修罗、人、天）之一，前生造恶业、多贪欲者，死后生为饿鬼，常苦于饥渴。

②傍生：即畜生，傍者不正之义，言彼因行不正，故得不正之生。

【译文】

这时，世尊又告诉文殊师利菩萨说："文殊师利！有些众生不能分辨善恶，一味贪吝，不知道布施的意义与果报。这些人愚痴无智，不识因果，对于真理，亦不尊信，只知道不断聚积财富，若看到乞丐或者贫穷之人，心里就很不高兴，万不得已而行布施时，就像是割了他身上的肉一样，痛惜不已。此外，还有一些悭贪的众生，积聚财物，自己都舍不得受用，更不用说用来孝敬父母、供养妻子或布施给奴婢佣人、以及前来乞讨的人。这种悭吝不舍的众生，死后将会往生饿鬼道或畜生道。这些因贪吝而堕入恶道的众生，由于往昔在人间时，曾经暂时听到药师琉璃光如来名号，当他堕在恶道中时，如能暂得忆念药师佛名，就能够于一念之间，脱离恶道，还生人间。得知宿命业报，深畏恶道之苦，不乐三界五欲之乐，好行六度四摄之施，随喜赞叹布施功德。不但于一切所有财物，都不再贪惜，乃至逐渐能够将头目手足、血肉身分施与来乞求者，更何况其他的身外之物！

复次，曼殊室利！若诸有情，虽于如来受诸学处，而破尸罗①；有虽不破尸罗，而破轨则；有于尸罗、轨则、虽得不坏，然毁正见；有虽不毁正见，而弃多闻，于佛所说契经深义，不能解了；有虽多闻而增上慢②，由增上慢覆蔽心故，自是非他，嫌谤正法，为魔伴党，如是愚人，自行邪见，复令无量俱胝有情③，堕大险坑。此诸有情，应于地狱、傍生、鬼趣，流转无穷。若得闻此药师琉璃光如来名号，便舍恶行，修诸善法，不堕恶趣。设有不能舍诸恶行，修行善法，堕恶趣者，以彼如来本愿威力、令其现前暂闻名号，从彼命终还生人趣，得正见精进④，善调意乐，便能舍家，趣于非家，如来法中，受持学处，无有毁犯；正见多闻，解甚深义，离增上慢，不谤正法，不为魔伴，渐次修行诸菩萨行，速得圆满。

【注释】

①尸罗：即戒，梵语 Sīla，为佛所制定，令弟子受持以防非止恶。尸罗为三学（戒、定、慧）六度（布施、持戒、忍辱、精进、禅定、智慧）之一，具体来说，尸罗的涵义有四种：(一)清凉之义，乃远离

内心之热恼忧苦，令其安适；（二）安稳之义，能为他世安乐之因；（三）安静之义，能建立止观；（四）寂灭之义，能为得涅槃之乐因。戒，是佛教的道德规范，原系佛陀住世时，举外道所作之非来教诫弟子，适用于出家、在家二众。与律之随犯随制有别，犯戒时不伴以处罚之规定，而是依靠发自内心之自我约束。佛教的戒有多种层次，最基本的乃是五戒，即不杀生、不偷盗、不邪淫、不妄语、不饮酒。

②增上慢：即对于教理或修行境地尚未有所得、有所悟，却生起高傲自大之心，未得谓得，未证谓证，是一种很大的过失。此外，将与他人比较而产生自负高傲之心，亦称为增上慢，即通常所谓的“贡高我慢”。

③俱胝（zhī）：梵文 **Koṭi**，音译又作拘胝、俱致、拘梨，意译为亿，乃印度数量之名。

④精进：六度之一，谓勇猛勤策地进修诸善法，亦即依佛教教义，于修善断恶、去染转净之修行过程中，不懈怠地努力上进。精进为修道之根本，勇敢不退地断恶修善为性，对治懈怠、完满各种善法为业。也就是说一方面修诸善行，唯恐不及，一方面断诸恶业，唯恐不尽，恒存有进无退之志，故名精进。

【译文】

世尊又告诉文殊师利说：“若有众生虽于佛法中学戒受持，却难免有毁犯的行为发生；有众生虽不破戒，却破坏了威仪律法；有众生虽不犯戒仪，却没有了佛法正见；有众生虽符合佛法正见，却不求多闻，不听明师说法，因此对于佛经的甚深义理，不能了解；有众生虽然广学多闻，却生起骄慢之心，因而自蔽其心，目中无人，诽谤正法，流于邪魔。这样的愚痴之人由邪思惟而起邪修行，自行教他，自害害人，不但自堕恶道之中，亦使无量亿数的众生，堕于地狱、畜生、饿鬼三涂而辗转生死，无有穷尽。如果能够听到药师琉璃光如来名号，由如来本愿力的加被，便能使此罪大恶极的众生，痛改前非，舍恶修善，不堕恶道。即使不能舍恶修善，堕于恶道，也将由于如来本愿威力，令其现前暂闻佛号，一经于耳，永为道种，而于恶道命终时，还生人间。仰仗佛力令其忆念前生堕落因缘，于是深信真理正道，勇猛精进，善调身心，意乐自在，能舍世俗牵累之家，入于解脱自在之佛门。于佛法中，受持出世戒学，无有犯毁，树立正见，博学多闻，了达经典的甚深义理，远离慢心，不再毁谤正法，不为魔见邪行，乃能逐渐进修六度万行之菩萨道，速得修正圆满。

复次，曼殊室利！若诸有情，悭贪嫉妒，自赞毁他[①]，当堕三恶趣中，无量千岁受诸剧苦；受剧苦已，从彼命终，来生人间，作牛、马、驼、驴，恒被鞭挞，饥渴逼恼；又常负重，随路而行。或得为人，生居下贱，作人奴婢，受他驱役，恒不自在。若昔人中，曾闻世尊、药师琉璃光如来名号，由此善因，今复忆念，至心归依。以佛神力，众苦解脱，诸根聪利，智慧多闻，恒求胜法，常遇善友，永断魔罥，破无明縠[②]，竭烦恼河，解脱一切生老病死、忧愁苦恼。

复次，曼殊室利！若诸有情，好喜乖离，更相斗讼，恼乱自他，以身语意，造作增长种种恶业，展转常为不饶益事，互相谋害。告召山林树冢等神；杀诸众生，取其血肉，祭祀药叉[③]、罗刹婆等[④]；书怨人名，作其形像，以恶咒术而咒诅之；厌魅蛊道[⑤]，咒起尸鬼，令断彼命，及坏其身。是诸有情，若得闻此药师琉璃光如来名号，彼诸恶事，悉不能害。一切展转皆起慈心，利益安乐，无损恼意及嫌恨心；各各欢悦，于自所受，生于喜足，不相侵陵，互为饶益。

【注释】

①自赞毁他：指赞叹己德而讥毁他人，菩萨十重禁戒之第七为自赞毁他戒。

②縠（què）：鸟卵壳之意。

③药叉：又作夜叉，意译捷疾、轻捷、勇健、能啖等，是一种止住地上或空中，以威势恼害人类或守护正法的鬼类。

④罗刹婆：又作罗刹娑，恶鬼之名，意译为可畏、速疾鬼、护者，女则称罗刹女、罗叉斯。罗刹乃印度神话中之恶魔，最早见于《梨俱吠陀》，相传为印度土著民族的名称，雅利安人征服印度后，遂成为恶人的代名词，继而演变为恶鬼之总名。男罗刹为

黑身、朱发、绿眼；女罗刹则为绝美妇人，富有魅人之力，专食人之血身。药叉、罗刹之类的恶鬼于诸经中，偶亦也转变为佛教之守护神。

⑤厌魅蛊道：厌魅，指用邪术致人死亡；蛊道，指把蛊虫放器皿里，让其自相啖食，取最后存留者制成蛊药。此药毒性无比，定会使人失去知觉或者死亡。

【译文】

世尊又告诉文殊师利说：“若有众生悭贪不舍，嗔恨嫉妒，自赞毁他，将来当堕于三恶道中，历经久远而受无量苦。苦报过后，从恶道命终，来到人间，由业感而生为牛、马、驼、驴，常被人鞭打，忍受饥渴等逼害；还要常常为人负重驮货，随路而行。即使生为人，也是作卑贱的奴婢，受人驱役支配，始终不能自由自在。这些前生为人悭贪嫉毁的众生，若曾经听闻到药师琉璃光如来名号，就种下了善因，如今能忆念药师佛名号，并且一心至诚皈依药师如来，凭借着如来威神力的慈悲摄受，便能解除畜生奴役等一切痛苦，转生为人而成聪明伶俐、智慧多闻、常爱求学殊胜的佛法，常能遇到有益的善友，自然永离邪知魔见的罗网，突破无明的覆罩与蒙蔽，使烦恼河枯竭，永不沉溺而解脱一切生老病死，忧愁苦恼。

世尊又告诉文殊师利说：“若有众生好生是非，喜欢恶语离间别人，以致互相打斗诤讼，彼此恼乱，两败俱伤，并以身语意，造作种种恶业，常作不饶益众生的恶事，彼此相害；或祷告山林、树木和坟墓等鬼神；或杀害牛、羊、鸡等众生，取其血肉，祭祀药叉、罗刹等恶鬼；或书写与自己有怨之人的名字，用草木作其形像，以恶毒的咒术来诅咒对方；或以魔魅蛊道等方法，加害于人，甚至还有对死尸念咒，使死尸起来，拿着刀杖，去杀仇人，以损坏其身体。这些为恶事缠绕的众生若能听闻到药师琉璃光如来名号，便可以承仗药师如来本愿功德之力，使恶鬼、恶事皆不能相害，并且能转令恶鬼恶人生起慈悲之心，互相饶益安乐，彼此间不再存有损害与嫌恨之心。大家和悦相处，对于自己所受的果报，也能安贫知足，生喜足心，不再相互侵害，而是相互合作共为饶益众生之事。”

复次，曼殊室利！若有四众[①]：苾刍、苾刍尼、邬波索迦[②]、邬波斯迦[③]，及余净信善男子、善女人等，有能受持八分斋戒，或经一年，或复三月，受持学处，以此善根，愿生西方极乐世界无量寿佛所，听闻正法，而未定者。若闻世尊药师琉璃光如来名号，临命终时，有八菩萨，其名曰：文殊师利菩萨、观世音菩萨[④]、得大势菩萨[⑤]、无尽意菩萨[⑥]、宝檀华菩萨[⑦]、药王菩萨、药上菩萨[⑧]、弥勒菩萨[⑨]，是八大菩萨乘空而来，示其道路，即于彼界种种杂色众宝华中，自然化生。或有因此生于天上，虽生天上，而本善根亦未穷尽，不复更生诸余恶趣。天上寿尽，还生人间，或为轮王[⑩]，统摄四洲[⑪]，威德自在，安立无量百千有情于十善道；或生刹帝利[⑫]、婆罗门、居士、大家，多饶财宝，仓库盈溢，形相端正，眷属具足，聪明智慧，勇健威猛，如大力士。若是女人，得闻世尊药师琉璃光如来名号，至心受持，于后不复更受女身。

【注释】

①四众：即佛教信徒的四种类别，也称作四部弟子、四部众。具体指比丘、比丘尼、优婆塞、优婆夷，其中前两类是出家众，后两类为在家众。

②邬波索迦：梵文 Upāsaka，音译优婆塞，意译近士男、清信士、信士等，指归依三宝，受持五戒、八戒的男性在家信徒。

③邬波斯迦：梵文作 Upāsikā，音译优婆夷，意译近事女、清信女、近善女等，指归依三宝，受持五戒、八戒的女性在家信徒。

④观世音菩萨：梵文 Avalokites-vara，音译阿缚卢枳低湿伐罗，意译光世音、观自在、观世自在，略称观音菩萨，别称救世菩萨、莲华手菩萨、圆通大士等，与大势至菩萨同为阿弥陀佛之胁侍。观音菩萨以慈悲救济众生为本愿，凡遇难众生诵念其名号，菩萨即时观其音声前往拯救，故世称观世音菩萨。又因其于理事无碍之境，观达自在，故称观自在菩萨。《妙法莲华经》第二十五品《观世音菩萨普门品》，专门说其不可思议的神力。观音信仰是中国佛教最普及的菩萨信仰，观音菩萨的道场在浙江普陀山。

⑤得大势菩萨：梵文 Mahasthama-prapt，又作大势至、

大精进菩萨。大势至菩萨以智慧光普照一切，令众生离三途，得无上力，彼行时十方世界一切地皆震动，故称大势至。《首楞严经》卷五《念佛圆通章》谓，大势至菩萨于因地，以念佛为根本修行法门，得以契入佛心，证得智慧解脱，故今在此娑婆世界，摄化念佛众生，归于净土。又依《悲华经》卷三载，阿弥陀佛入灭后，由观世音菩萨补其位；观世音菩萨入灭后，则由大势至补处成佛，号善住珍宝山王如来。

⑥无尽意菩萨：又作无尽慧菩萨。此菩萨因观一切事相之因果报应皆为无尽，而发心上求无尽之诸功德，下度无尽之众生，故名无尽意菩萨。

⑦宝檀华菩萨：此菩萨事迹不详。据《药师经疏钞摘要》载："宝檀华者，有旃檀树，百宝合成，花叶垂布，香气普熏，比喻菩萨万行因华，庄严菩提果树，大行士也。表情进觉，勤修万行故。"

⑧药王菩萨、药上菩萨：药王菩萨为施与良药，救治众生身心两种病苦之菩萨。据《观药王药上二菩萨经》云："过去久远劫有佛，号琉璃光照如来，劫名正安稳。国名悬胜幡，彼佛涅槃后，于像法中有千比丘发心修行。众中有一比丘名日藏，聪明多智。为诸众说大乘平等大慧。众中有一长者，名星宿光，闻大乘，心生欢喜，持诃黎勒果及诸杂药，供养日藏比丘及诸众，因发菩提心。时星宿光之弟曰电光明，亦随兄持诸良药，供养日藏比丘及诸众，

发大誓愿。此时，大众赞叹兄为药王，弟为药上，今药王、药上二菩萨是也。”同经并载，此二菩萨久修梵行，诸愿已满，药王菩萨将于未来世成佛，号净眼如来；药上菩萨亦将成佛，号净藏如来。

⑨弥勒菩萨：梵名 Maitreya，音译梅呾丽耶、末怛唎耶等，意译慈氏。依《弥勒上生经》、《弥勒下生经》所载，弥勒出生于婆罗门家庭，后为佛弟子，先佛入灭，以菩萨身为天人说法，住于兜率天。据传此菩萨欲成熟诸众生，自初发心即不食肉，以此因缘而名为慈氏。《大日经疏》卷一，谓慈氏菩萨系以佛四无量中之慈为首，此慈从如来种姓中生，能令一切世间不断佛种，故称为慈氏。释迦牟尼佛曾预言，弥勒菩萨将下生此世，于龙华树下成佛，分三会说法，故亦称弥勒佛，弥勒如来。中国寺庙一般在山门殿供奉笑口常开的胖弥勒像，传说五代时的契此和尚为弥勒化身，故后人塑像供奉之。

⑩轮王：转轮圣王的简称，指成就七宝，具足四德，统一须弥四洲，以正法治世的大帝王，是佛教政治理想中的统治者。转轮圣王于人寿八万四千岁时出现，统辖四天下。轮王有四种福报：一、大富，珍宝、财物、田宅等众多，为天下第一；二、形貌庄严端正，具三十二相；三、身体健康无病，安稳快乐；四、寿命长远，为天下第一。其出现之时，天下太平，人民安乐，没有天灾人祸。此乃由过去生中，多修福业，可惜不修出世慧业，所以仅成统治

世界有福报之大王，却不能修行悟道证果。

⑪四洲：又称四大部洲、四大洲、四天下，原是古印度人的地理观，为佛教所沿袭。四洲说谓于须弥山四方，七金山与大铁围山间的咸海中，有四个大洲，分别是东胜神洲、南赡部洲、西牛贺洲、北俱卢洲。世人所居住的世界系南赡部洲，其状上下大小，略如人面，亦称为南阎浮提，阎浮即赡部树，此洲有此树故名。

⑫刹帝利：梵文 **Kṣatriya**，略称刹利，意译土田主，即国王、大臣等统御民众、从事兵役的种族，所以也称王种。刹帝利是印度四种姓中的第二阶级，地位仅次于婆罗门，释迦牟尼即出身此阶级。

【译文】

世尊又告诉文殊师利说："若有佛之四众弟子：比丘、比丘尼、优婆塞、优婆夷，以及其他深信佛法的善男子、善女人等，有能受持八关斋的，或经一年之久，或仅于每年的一、五、九这三个月内，受持八关斋戒。如是等人，以此斋戒善根因缘，发愿往生西方极乐世界阿弥陀佛净土，听闻正法，而尚未决定可以往生者。这些愿生西方净土而没有把握的众生，若能听闻到药师琉璃光如来名号，至心持念，临命终时，即有文殊师利菩萨、观世音菩萨、大势至菩萨、无尽意菩萨、宝檀华菩萨、药王菩萨、药上菩萨、弥勒菩萨等八位大菩萨，乘空而来，指示其前往净土的道路，随即于西方极乐世界或东方琉璃世界的种种杂色众宝花中自然化生。也有众生因听闻药师如来名号，至心持念，以此功德而生于天上。这些众生虽生天上，享受天福，等到天福尽时，他本有的善根，仍未能穷尽，所以不会堕入于地狱、饿鬼、畜生等恶道中。等到天寿尽时，自然还生人间，或生为转轮圣王，统摄四大部洲，威德自在，感化无量的众生修习十善。抑或生于王族、婆罗门、居士等名门大家，衣食丰饶，财宝无尽，形相端正美好，眷属具足无缺，聪明智慧，勇健威猛，如大力士。若有女人，得闻世尊药师琉璃光如来名号，至心奉持，以后便可以永不再受生为女身。

复次，曼殊室利！彼药师琉璃光如来得菩提时，由本愿力，观诸有情，遇众病苦，瘦疟[①]、干消[②]、黄热等病[③]；或被魇魅蛊毒所中；或复短命；或时横死；欲令是等病苦消除，所求愿满。时彼世尊入三摩地[④]，名曰除灭一切众生苦恼；既入定已，于肉髻中出大光明，光中演说大陀罗尼曰[⑤]：

南谟薄伽伐帝，鞞杀社窭噜，薜琉璃，钵喇婆，喝啰阇也，怛他揭多耶，阿啰喝帝，三藐三勃陀耶，怛侄他，唵，鞞杀逝，鞞杀逝，鞞杀社，三没揭帝莎诃！

尔时，光中说此咒已，大地震动，放大光明，一切众生病苦皆除，受安隐乐[⑥]。

【注释】

①瘦疟（nüè）：即五劳七伤病，得此病者枯瘦如柴，

弱不禁风。

②干消：即消渴病，上焦口渴，中焦肚饿，下焦多尿多饮，也就是现代医学所说的糖尿病。

③黄热：黄者，为黄疸病，皮肤眼睛皆发黄。热者，发热病之统称。

④三摩地：梵文Samādhi，旧称三昧、三摩提、三摩帝、三摩底；意译定、等持、正定、一境性等，即远离昏沉掉举，心专住一境的精神作用。三摩地之语义诸多，与一切心、心所法相应，通于定、散，亦通于善、恶、无记之三性，而无别体。行者住于三摩地，观想凝照，智慧明朗，即能断除一切烦恼而证得真理。

⑤陀罗尼：梵文Dhāraṇī，意译为总持、能持、能遮，能令善法不失，令恶法不起。有时也称为咒或真言，因陀罗尼的形式，类同诵咒，因此后人将其与咒混同，统称咒为陀罗尼。但一般仍以字句长短加以区分，长句者为陀罗尼，短句者为真言，一字二字者为种子。

⑥隐：安定，义同“稳”，下文“安隐”同。

【译文】

世尊又告文殊师利说：“药师琉璃光如来成佛时，由于菩萨在因地所发本愿之力，观察众生所遇到的种种病苦，如虚劳、干渴、黄疸，或被魔魅所扰、蛊毒所中，或短命横死，如来发愿，只要众生诚心祈求，便能够得到满足，病苦消除。即时药师如来除灭一切众生苦恼定中，从顶上肉髻中放出大光明，于光明中演说大陀罗尼咒：

“南谟薄伽伐帝，鞞杀社窭噜，薜琉璃，钵喇婆，喝啰阇也，怛他揭多耶，阿啰喝帝，三藐三勃陀耶，怛侄他，唵，鞞杀逝，鞞杀逝，鞞杀社，三没揭帝莎诃！”

药师如来于光中说出此咒，一时大地震动，普放光明，照耀一切众生，使一切众生的病苦全都消除，享受安稳之乐。

曼殊室利！若见男子、女人、有病苦者，应当一心为彼病人，常清净澡漱，或食、或药、或无虫水，咒一百八遍，与彼服食，所有病苦悉皆消灭。若有所求，至心念诵，皆得如是无病延年；命终之后，生彼世界，得不退转，乃至菩提。是故曼殊室利！若有男子、女人，于彼药师琉璃光如来，至心殷重恭敬供养者，常持此咒，勿令废忘。

复次，曼殊室利！若有净信男子、女人，得闻药师琉璃光如来、应、正等觉所有名号，闻已诵持。晨嚼齿木[①]，澡漱清净，以诸香花、烧香、涂香[②]、作众伎乐，供养形像。于此经典，若自书，若教人书，一心受持，听闻其义。于彼法师[③]，应修供养，一切所有资身之具，悉皆施与，勿令乏少，如是便蒙诸佛护念，所求愿满，乃至菩提。

【注释】

①齿木：又作杨枝，指用来磨齿刮舌以除去口中污物

的木片。此木有药用价值，可以除口臭。通过咀嚼木枝漱刷清洁口腔是古印度人的生活习惯。

②涂香：以香涂身，以消除体臭或热恼。古印度人以旃檀木或种种杂香捣磨为粉末，用以涂身、熏衣并涂地壁。此处则专指涂香于身和手以供佛。

③法师：梵文 Dharma-bhāṇaka，指通晓佛法又能引导众生修行之人，又作说法师、大法师。广义之法师，通指佛陀及其弟子；狭义则专指一般通晓经或律之行者，称为经师或律师。我国称道安、慧远等学问德行高深者为法师，对鸠摩罗什、玄奘等对翻译经藏有卓然贡献的大译经师，多称三藏法师，以别于禅师、律师等称呼。

【译文】

世尊又告诉文殊师利说："若见到无论男子或女子患有病苦，应当一心为病人，虔诚持念药师如来神咒。替病人持念此咒时，必须先洗澡漱口，保持身口清净，然后将病人的食物、药品或无虫的净水，咒祝一百零八遍后给病人服用，用这种方法，病人的一切病苦皆可消除。若众生有所祈求，至心念诵药师神咒皆能满愿，不但现生消灾除病，延年益寿，临命终时，亦得往生净琉璃世界，决定不退转，乃至证得究竟菩提。所以，文殊师利！若有男子女人，至心尊重、恭敬供养药师琉璃光如来者，对于此药师神咒，应当常常受持念诵，勿稍懈怠而忘失。

世尊又告诉文殊师利说："信受佛法的清净男子或女人，听闻药师琉璃光如来、应供、正等觉等所有名号，应当恭敬诵持。于清晨之际，漱口清洁，沐浴净身，供奉香花、烧香和涂香，并以歌舞赞颂，供养药师如来形像。或自己书写，或请他人书写《药师琉璃光如来本愿功德经》，一心受持，思惟其义。对弘扬此药师法门的法师，应殷勤供养，凡生活上所需的物资，都要尽力恭敬地供养施与，不令法师有所乏少。如此便能得到诸佛的护念，所求皆得圆满，善根增长，乃至证悟菩提。”

尔时，曼殊室利童子白佛言：世尊！我当誓于像法转时，以种种方便，令诸净信善男子、善女人等，得闻世尊药师琉璃光如来名号，乃至睡中亦以佛名觉悟其耳。世尊！若于此经受持读诵，或复为他演说开示；若自书，若教人书；恭敬尊重，以种种花香、涂香、粖香、烧香、花鬘、璎珞、幡盖、伎乐，而为供养；以五色彩，作囊盛之；扫洒净处，敷设高座，而用安处。尔时，四大天王与其眷属[①]，及余无量百千天众，皆诣其所，供养守护。世尊！若此经宝流行之处，有能受持，以彼世尊药师琉璃光如来本愿功德，及闻名号，当知是处无复横死；亦复不为诸恶鬼神，夺其精气；设已夺者，还得如故，身心安乐。

佛告曼殊室利：如是！如是！如汝所说。曼殊室利！若有净信善男子、善女人等，欲供养彼世尊药师琉璃光如来者，应先造立彼佛形像，敷清净座而安处之；散种种花，烧种种香，以种种幢幡[2]，庄严其处；七日七夜，受八分斋戒[3]，食清净食，澡浴香洁，著清净衣，应生无垢浊心，无怒害心，于一切有情，起利益安乐，慈、悲、喜、舍，平等之心，鼓乐歌赞，右绕佛像。复应念彼如来本愿功德，读诵此经，思惟其义，演说开示。随所乐求，一切皆遂：求长寿得长寿，求富饶得富饶，求官位得官位，求男女得男女。若复有人，忽得恶梦，见诸恶相，或怪鸟来集，或于住处，百怪出现；此人若以众妙资具，恭敬供养彼世尊药师琉璃光如来者，恶梦恶相，诸不吉祥，皆悉隐没，不能为患。或有水、火、刀、毒、悬险、恶象、狮子、虎、狼、熊、罴、毒蛇、恶蝎、蜈蚣、蚰蜒、蚊虻等怖；若能至心忆念彼佛，恭敬供养，一切怖畏皆得解脱。若他国侵扰，盗贼反乱，忆念恭敬彼如来者，亦皆解脱。

【注释】

①四大天王：也作四天王、护世天，指在欲界护持佛法的四位天王，即东方持国天王、南方增长天王、西方广目天王、北方多闻天王。一般在佛寺山门殿的两侧，塑有四天王像，多作忿怒相，身着甲胄防护，手执剑、锌等武器，脚踏邪鬼，采用武神造型。

②幢幡：幢幡皆为旌旗之属，用以庄严佛菩萨及道场。竿柱高秀，头安宝珠，以种种之彩帛庄严之者曰幢。长帛下垂者曰幡。

③八分斋戒：亦八关斋戒，简称八戒。即：一不杀生，二不偷盗，三不邪淫，四不妄语，五不饮酒，六不涂脂粉、香水及不穿华丽的衣服和不观歌舞伎乐，七不睡卧高广大床，八不非时食（过午不食）。

【译文】

这时，文殊师利菩萨禀告佛说："世尊！我当发誓于像法转时，以种种方便善巧，令一切净信佛法的善男子、善女人等，都能闻到世尊药师琉璃光如来名号，甚至在睡梦中，也得以闻到药师如来的名号而有所觉悟。世尊！若有人于此《药师琉璃光如来本愿功德经》，能领受经义，持念不忘，阅读背诵，为他人演说开示；或自己书写此经，或教他人书写。恭敬尊重法宝，以种种花香、涂香、粖香、烧香、花鬘、璎珞、幡盖、伎乐，而为供养。以五色彩缎，作成囊袋盛置《药师经》，以表敬重。将处所扫洒清洁，敷设高座，用作供坛，安放经典。若能如此奉扬此法，即能感得四大天王及其眷属，以及其他无量的天众，来护持道场，供养守护。世尊！若在《药师经》流通的地方，人们能够信受奉持，以此世尊药师琉璃光如来的本愿功德力，及听闻药师如来名号而忆念受持的善根功德之力，就不会发生有人横死的事故。也不会有邪神、恶鬼夺人精气，假如已有被夺取精气的，承佛威神与念佛之力，也能恢复健康，如同正常一样，身心安乐。"

佛对文殊师利菩萨说："正是！正是！恰恰如你所说。文殊师利！若有净信善男子、善女人等，想要供养世尊药师琉璃光如来，应该先造作药师佛的形像，敷设清净的高座，来安置佛像。散种种香花，烧种种香，以种种幢幡来庄严供佛的道场。并于七日七夜之间受持八关斋戒，食清净的食物，澡浴身体，保持清洁，穿清净的服饰，使心念亦清净无染，无怨恨害人之心，而对于一切众生生起利益安乐、慈悲喜舍、平等相待的心。同时击鼓作乐，唱念赞偈，从右而左恭敬绕行药师佛像。还应当忆念药师如来的本愿功德，读诵《药师经》，思惟经中义理，为人演说开示。若能如此依法修行，则能随所愿求，一切圆满：求长寿得长寿，求富饶得富饶，求官位得官位，求男女得男女。若有人作恶梦，见种种恶相，或有不祥的怪鸟飞来家中，或于住处出现许多不祥之兆。此人若能够备办各种妙珍资具，恭敬供养世尊药师琉璃光如来，则所有恶梦恶相等一切不吉祥的事情，都会消失隐没，不能为患。或有遭遇水灾、火灾、刀灾、毒害，或身处悬崖峭壁，或是遇到恶象、狮子、虎、狼、熊、棕熊、毒蛇、恶蝎、蜈蚣、蚰蜒、蚊虫等凶猛的兽类或可怕的毒虫，此人若能一心忆念药师如来及恭敬供养，皆能解脱如上所说一切怖畏灾难。若遇他国侵犯、盗贼纷起、谋反掠夺，若能一心忆念，恭敬供养药师如来，亦能解脱外敌内贼的灾难，得以政通人和。”

复次，曼殊室利！若有净信善男子、善女人等，乃至尽形不事余天①，唯当一心归佛、法、僧，受持禁戒，若五戒、十戒②、菩萨四百戒、苾刍二百五十戒、苾刍尼五百戒，于所受中或有毁犯，怖堕恶趣，若能专念彼佛名号，恭敬供养者，必定不受三恶趣生。或有女人，临当产时，受于极苦；若能至心称名礼赞，恭敬供养彼如来者，众苦皆除。所生之子，身分具足，形色端正，见者欢喜，利根聪明，安隐少病，无有非人夺其精气。

【注释】

①天：梵文 Deva，音译提婆，意译又作天界、天道、天有、天趣等，指六道之中，业报最殊胜的众生，或指其所居住的世界。指有情自体时，称为天人、天部、天众，相当于通俗所谓“神”一词。据佛经记载，天之世界，乃距离地上遥远的上方，由下向上，依次为欲界六天，即四天王天、三十三天（又称忉利天；此天之主称释提桓因，即帝释天）、夜摩天、兜率天、乐变化天、他化自在天。色界四禅天与四无色天。“天”并非佛教所独有，而是古印度一般民众的信仰，后为佛教所沿用。死后升天之因是奉行十善、修习四禅八定等。原始佛教的教法以涅槃为核心，同时也包括对在家信徒依道德行善，即可生天的说教。大乘佛教则明确反对以升天为修行目的，而是主张发菩提心，行菩萨道，究竟证悟成佛。

②十戒：这里指沙弥及沙弥尼应受持的十种戒条，即（一）不杀生，（二）不偷盗，（三）不淫欲，（四）不妄语，（五）不饮酒，（六）不香花严身，（七）不歌舞观听，（八）不坐卧高广大床，（九）不非时食，（十）不蓄金银财宝。

【译文】

世尊又告诉文殊师利说："若有净信佛法的善男子、善女人，能够尽其一生不信奉天魔外道，而是一心一意皈依佛、法、僧三宝，领纳执持佛的戒法，如五戒、十戒、菩萨四百戒、比丘二百五十戒、比丘尼三百五十戒等。如果在持戒的过程中，偶有触犯破戒而害怕堕入恶道的，此人若能专心持念药师如来的名号，恭敬供养药师如来，就必定不会堕于三恶道中。或有女人即将生产，备受极苦之时，若能一心称念药师如来名号，恭敬礼赞供养药师如来，则能承佛功德愿力，消除苦难。所生之子，诸根完具，相貌端正，智慧聪明，人见人爱，康健安稳，没有非人鬼魅之类夺取婴儿的精气。

尔时，世尊告阿难言[①]："如我称扬彼世尊药师琉璃光如来所有功德，此是诸佛甚深行处，难可解了，汝为信不？"阿难白言："大德世尊！我于如来所说契经[②]，不生疑惑。所以者何？一切如来身语意业，无不清净。世尊！此日月轮，可令堕落；妙高山王[③]，可使倾动；诸佛所言，无有异也。世尊！有诸众生，信根不具，闻说诸佛甚深行处，作是思惟：云何但念药师琉璃光如来一佛名号，便获尔所功德胜利？由此不信，返生诽谤；彼于长夜，失大利乐，堕诸恶趣，流转无穷。"

佛告阿难："是诸有情，若闻世尊药师琉璃光如来名号，至心受持，不生疑惑，堕恶趣者，无有是处。阿难！此是诸佛甚深所行，难可信解。汝今能受，当知皆是如来威力。阿难！一切声闻、独觉，及未登地诸菩萨等④，皆悉不能如实信解，惟除一生所系菩萨。阿难！人身难得，于三宝中，信敬尊重，亦难可得。闻世尊药师琉璃光如来名号，复难于是。阿难！彼药师琉璃光如来，无量菩萨行，无量善巧方便，无量广大愿，我若一劫，若一劫余而广说者，劫可速尽，彼佛行愿，善巧方便，无有尽也！”

【注释】

①阿难：梵文 Ānanda，全称阿难陀，意译为欢喜、庆喜。阿难系佛陀之堂弟，为佛陀十大弟子之一。出家后二十余年间为佛陀的侍者，擅长记忆，对于佛陀的说法多能朗朗记诵，故誉为多闻第一。佛陀入灭后，在首次集结当中，即由阿难诵出经藏。

②契经：也作修多罗，梵文 Sūtra，所指有二：一、为一切佛法之总称。契者，上契诸佛之理，下契众生之机；经者，法也。二、特指九分教或十二分教中之第一类，指经中直接说者，即散文体的经文，亦称为长行。

③妙高山王：即须弥山。据传说此山由金、银、琉璃、水晶四宝所成，而且是诸山中之最高者，故称之为妙高山王。

④登地：指菩萨修行的阶位。依据《华严经》，菩萨之

阶位有十信、十住、十行、十回向、十地、等觉、妙觉五十二位。其中，登上初地之阶位，称为登地，须经过一大阿僧祇劫之修行；十地之间，自初地至第十地之终则须经过二大阿僧祇劫之修行。其初地称欢喜地，始断一分烦恼而悟一分法性欢喜之位，以后登地之菩萨又名法身之菩萨。

【译文】

这时，世尊告诉阿难说："像我如此称扬世尊药师琉璃光如来的所有功德，这是诸佛智慧所行境界，甚深难解之处，是一般众生难以了解信受的，你听了是否相信？"阿难回答说："大德世尊！我对于如来所说之法，无有丝毫疑惑。这是因为一切如来的身语意业，无不清净。纵使日月可令堕落，妙高山王可使倾动，而诸佛所说的话，绝对真实不虚。世尊！有些众生，因为信心不坚固具足，闻说诸佛不可思议解脱境界的甚深行处，便不能信受，而产生这样的疑惑：凭什么只念诵药师琉璃光如来一佛名号，就能够获得如此之大的功德利益？甚至谤佛谤法；这样的可怜人，将于漫漫生死长夜中，因为不信受佛法，失去觉悟解脱的大利乐，而常堕落三恶道中，流转无穷，求出无期。"

佛告诉阿难说："若有众生，听闻世尊药师琉璃光如来名号，能专心受持忆念，恭敬供养，不生疑惑，像这样具足信根的众生，是绝对不可能堕入恶道的！阿难！一切如来甚深不可思议的解脱境界，一般众生难以相信了解，而你如今却能够坚信受持，当知此皆是如来慈悲威神之力所加被。阿难！所有证果的声闻、缘觉，及未登初地之前的菩萨等，对于诸佛甚深行处，仍不能真实地信解。惟有下一生即将成佛的补处菩萨，才能如实信解诸佛甚深解脱境界。阿难！在生死轮回中，人身是非常难得的；既得人身，又有善根敬信尊重佛、法、僧的众生，更为难得；能够听到药师琉璃光如来名号，更是极为难得。阿难！药师琉璃光如来，在过去因地中，曾修无量无边的菩萨行，发无量无边的广大愿，即使若以一劫或超过一劫的时间，来广说药师如来的无量行愿和善巧方便，也无法穷尽。千万劫的时间仍是有限的，药师如来的广大行愿和善巧方便，则无量无边。”

尔时，众中有一菩萨摩诃萨，名曰救脱[①]，即从座起，偏袒右肩，右膝著地，曲躬合掌，而白佛言：大德世尊！像法转时，有诸众生，为种种患之所困厄，长病羸瘦，不能饮食，喉唇干燥，见诸方暗，死相现前；父母、亲属、朋友、知识啼泣围绕[②]。然彼自身，卧在本处，见琰魔使引其神识[③]，至于琰魔法王之前；然诸有情，有俱生神，随其所作，若罪若福，皆具书之，尽持授与琰魔法王。尔时，彼王推问其人，计算所作，随其罪福而处断之。时彼病人亲属、知识，若能为彼归依世尊药师琉璃光如来，请诸众僧，转读此经，然七层之灯，悬五色续命神幡，或有是处，彼识得还，如在梦中，明了自见。或经七日，或二十一日，或三十五日，或四十九日，彼识还时，如从梦觉，皆自忆知善不善业，所得果报，由自证见业果报故，乃至命难[4]，亦不造作诸恶之业。是故净信善男子、善女人等，皆应受持药师琉璃光如来名号，随力所能，恭敬供养。”

尔时，阿难问救脱菩萨曰：“善男子！应云何恭敬供养彼世尊药师琉璃光如来？续命幡灯，复云何造？”救脱菩萨言：“大德！若有病人，欲脱病苦，当为其人，七日七夜，受持八分斋戒，应以饮食及余资具，随力所办，供养苾刍僧。昼夜六时[5]，礼拜供养彼世尊药师琉璃光如来，读诵此经四十九遍，燃四十九灯，造彼如来形像七躯，一一像前各置七灯，一一灯量大如车轮，乃至四十九日光明不绝。造五色彩幡，长四十九搩手[6]，应放杂类众生至四十九，可得过度危厄之难，不为诸横恶鬼所持。

【注释】

①救脱：即救脱菩萨。此菩萨以救人病苦，脱离灾难而得名。《七佛八菩萨所说大陀罗尼神咒经》卷一列之为八大菩萨之第四。有关其形像，据《药师琉璃光王七佛本愿功德经念诵仪轨供养法》载，身呈红色，坐莲华座，右手持妙法藏供养，左拳按胯。又《修药师仪轨布坛法》载，救脱菩萨身呈白色，二手为金刚拳印，按于两胯，呈微慢之相而坐。

②知识：朋友之异称。就为人而言，其人若善，则为

善友、善知识；若恶，则为恶友、恶知识。按照佛教的说法，能够说法引导人们至于善处者，是善友，称善知识。

③琰（yǎn）魔：又作焰摩、阎魔、阎摩罗社、阎罗等，缚罪人之义，为地狱执法之王，即俗称的阎罗王。佛经云：昔有兄及妹，皆作地狱主。兄治男事，妹治女事，故曰双王。

④命难：生命受到威胁的灾难。

⑤昼夜六时：古印度的计时单位，即将一昼夜分为六时，即晨朝、日中、日没（以上为昼三时）、初夜、中夜、后夜（以上为夜三时）。

⑥拃（zhǎ）手：拃者，张也，拇指与中指之距离。

【译文】

这时，参加法会的大众中，有一位名叫救脱的大菩萨，即从座起，袒露右肩，右膝着地，恭敬地鞠曲合掌，向佛秉白："大德世尊！未来的像法之时，有许多众生因种种病患而苦不堪言，长病羸瘦，不能饮食，喉唇干燥，眼见四方变暗，死相现前，不久将终。病人的父母、眷属、朋友却无能为力，只有围绕着病人啼哭啜泣。病人在垂危之时，自身还在病榻之上，见到琰魔王的使者来拘引他，将其的神识带引到琰魔王前，听候审判。所有众生都有一个俱生神识，一生所作善恶罪福如影随形，皆记录在案，此众生即将命终之时，此记录交于琰魔王手中，成为执法审判的依据。琰魔王依据俱生神识的记录，审问此人，并且计算核对他生前的所作所为，随其善恶罪福来处决判定他该承受什么果报。此时若有病人的亲友，能为他皈依世尊药师琉璃光如来，并请僧众来读诵《药师琉璃光如来本愿功德经》，点燃七层长明灯，悬挂五色的续命长幡。凭借如上所作的功德，或者能够使病人的神识复还苏醒过来。病人如在梦中，能够清楚地知道地狱受审的情景，及眷属亲友为他所作的功德。其神识经过或七日、或二十一日、或三十五日，或四十九日方有可能生还。如同大梦初醒，皆能忆知过去善恶业报赏罚的情形。由于此人自心证见，亲历业果报应之境，从此以后，即使丧身失命，也决不敢再造恶业。因此，凡是对药师琉璃光如来生起净信的善男子、善女人等，都应该受持称念药师琉璃光如来的名号，竭己所能，恭敬供养药师如来。”

这时，阿难问救脱菩萨说：“善男子！应该如何恭敬供养药师琉璃光如来？又应该如何制造和使用续命幡和长明灯？”救脱菩萨回答阿难说：“大德！若有病人想要脱离病苦，他的亲友应当代为他受持七日七夜的八关斋戒，并且以清净饮食及各种物资用具，随能力所及，多少不拘地供养比丘僧。昼夜六时，礼拜供养世尊药师琉璃光如来。此外，还要至心读诵此《药师经》四十九遍，燃四十九盏灯，造药师如来形像七尊。在每一尊佛前，各供七盏灯，每一盏灯的光量要大如车轮，在四十九天之内，光明昼夜不绝。作五色的彩幡，长为四十九搩手，并放生四十九次。如能随力来做以上之事，病人便能承此功德，免除危厄之难，不为诸横恶鬼所执持，而恢复健康。”

复次，阿难！若刹帝利、灌顶王等，灾难起时，所谓人众疾疫难，他国侵逼难，自界叛逆难，星宿变怪难，日月薄蚀难，非时风雨难，过时不雨难。彼刹帝利、灌顶王等，尔时应于一切有情，起慈悲心，赦诸系闭；依前所说供养之法，供养彼世尊药师琉璃光如来。由此善根，及彼如来本愿力故，令其国界即得安隐，风雨顺时，谷稼成熟，一切有情，无病欢乐；于其国中无有暴恶、药叉等神，恼有情者；一切恶相，皆即隐没。而刹帝利、灌顶王等，寿命色力，无病自在，皆得增益。阿难！若帝后、妃主、储君、王子、大臣、辅相、中宫①、采女、百官、黎庶为病所苦，及余厄难，亦应造立五色神幡，然灯续明，放诸生命，散杂色花，烧众名香，病得除愈，众难解脱。

尔时，阿难问救脱菩萨言："善男子！云何已尽之命而可增益？"救脱菩萨言："大德！汝岂不闻如来说有九横死耶②？是故劝造续命幡灯，修诸福德；以修福故，尽其寿命，不经苦患。"阿难问言："九横云何？"救脱菩萨言："若诸有情，得病虽轻，然无医药及看病者，设复遇医，授以非药，实不应死而便横死。又信世间邪魔、外道、妖孽之师，妄说祸福，便生恐动，心不自正，卜问觅祸，杀种种众生，解奏神明，呼诸魍魉③，请乞福佑，欲冀延年，终不能得；愚痴迷惑，信邪倒见，遂令横死，入于地狱，无有出期，是名初横。二者，横被王法之所诛戮。三者，畋猎嬉戏，耽淫嗜酒，放逸无度，横为非人夺其精气。四者，横为火焚。五者，横为水溺。六者，横为种种恶兽所啖。七者，横堕山崖。八者，横为毒药、厌祷、咒诅、起尸鬼等之所中害。九者，饥渴所困，不得饮食而便横死。是为如来略说横死，有此九种。其余复有无量诸横，难可具说。”

【注释】

①中官：即太监。

②横死：即死于非命，指非因往世业果致死，而是遭意外灾祸死亡者。

③魍魉（wǎngliǎng）：传说活动在山川林谷中的精怪。

【译文】

救脱菩萨再告诉阿难说：“若王族或即将登位的太子等，遇到国家发生灾难时，如瘟疫流行、他国侵略、匪寇叛乱、星宿出落变化、日月暗淡无光、风雨不调或者久旱不雨。国家的统治者遇到这些情况时，应该对一切众生生起拔苦与乐之心，赦诸罪犯，减少刑罚，施行仁政。并依照前面所说的种种供养之法，至心恭敬供养药师琉璃光如来。由此功德善根及药师如来本愿功德力的加被，便可使其国泰民安，风调雨顺，无诸灾厄，人民安居乐业。于其国中，也没有凶暴邪恶的药叉等神，作怪恼害众生，一切不吉祥的现象，立即消失隐没。一国之主亦能增福延寿，无病身安，威德自在。”救脱菩萨又对阿难说：“阿难！若是皇后妃子、太子王子、大臣宰相、宦官宫女以及所有的官员百姓，为病苦所缠，或遭到其他水、火、风、战乱等困厄，皆应遵照如前所说的方法，于药师佛像前，悬立五色神幡，燃四十九盏灯，持续光明。而且还要多多放生，散各种鲜花，烧各种名香，持念佛号，诵经礼拜等。若能依此法修持，则可使一切病苦皆得除愈，所有厄难完全解脱。”

这时，阿难又向救脱菩萨询问：“善男子！众生寿命将终之时，为何还可以增益延续？”救脱菩萨解释说：“大德！你岂不曾听闻如来说过有九种死于非命吗？因此我才特别劝导众生造续命幡，燃七层灯，藉此积累福德；因积累福德的缘故，便可善终其应得的寿命，不会再遭到任何突如其来的灾难。”阿难问道：“九种横死是怎样的情形？”救脱菩萨说：“若有众生虽得小病，然而没有医生诊治，又不服药，无人看护，加上遇到庸医而错服药方，实不应死而横死。或者有人迷信世间邪魔外道，妖孽巫师，听其胡乱说祸道福，顿时迷惑，心生恐怖，而去求卦问卜。听信外道邪说，或杀生祭祀神明，或召请魑魅魍魉，乞求赐福延寿，但终究无法如愿。此皆因愚痴无智，邪见颠倒，自戕生命，堕于地狱，无有出期，这就是所谓的初横。第二横死，系触犯刑律，堕落法网，依国法处死。第三横死，系耽于打猎嬉戏，纵欲嗜酒，放逸无度，致遭邪神恶鬼夺其精气而横死。第四横死，系死于火灾。第五横死，系死于水灾。第六横死，系为种种恶兽所啖食。第七横死，系堕落悬崖而摔死。第八横死，系为毒药所毙，或为冤家咒诅、起尸鬼等所中而死。第九横死，系为饥渴所困而死，或自饥渴而死，或被禁饥渴而死。以上便是如来略说的九种横死，皆是不得善终其天年，冤枉而死。除了以上九种横死之外，尚有无量种种的横死，一时无法一一详说。”

复次，阿难！彼琰魔王主领世间名籍之记，若诸有情，不孝五逆[①]，破辱三宝，坏君臣法，毁于性戒[②]，琰魔法王，随罪轻重，考而罚之。是故我今劝诸有情，燃灯造幡，放生修福，令度苦厄，不遭众难。

尔时，众中有十二药叉大将，俱在会坐，所谓：宫毗罗大将[③]、伐折罗大将[④]、迷企罗大将[⑤]、安底罗大将[⑥]、额你罗大将[⑦]、珊底罗大将[⑧]、因达罗大将[⑨]、波夷罗大将[⑩]、摩虎罗大将[⑪]、真达罗大将[⑫]、招杜罗大将[⑬]、毗羯罗大将[⑭]，此十二药叉大将，一一各有七千药叉以为眷属，同时举声白佛言：世尊！我等今者，蒙佛威力，得闻世尊药师琉璃光如来名号，不复更有恶趣之怖。我等相率，皆同一心，乃至尽形归佛、法、僧，誓当荷负一切有情，为作义利，饶益安乐。随于何等村城、国邑、空闲林中，若有流布此经，或复受持药师琉璃光如来名号，恭敬供养者，我等眷属卫护是人，皆使解脱一切苦难，诸有愿求，悉令满足。或有疾厄求度脱者，亦应读诵此经，以五色缕，结我名字，得如愿已，然后解结。

【注释】

①五逆：指罪大恶极，极逆于理的五种罪行，即杀父、杀母、杀阿罗汉、出佛身之血、破和合僧。因此五种极端罪恶的行为，任犯一种，即堕无间地狱，故又名无间业。

②性戒：乃针对性罪而立之禁戒，又作性罪戒、性重戒等。此类戒律从犯罪的果报而言，属于本质的罪恶行为，如五戒中之杀生、偷盗、邪淫、妄语等四戒，不待佛制，亦不论在家、出家与受戒、不受戒，若犯之，未来必定受报，因其自性就是罪行，为业报之正因，也是社会普遍承认之罪恶。与性戒相对的是“遮戒”，也就是佛陀为避世人讥嫌而遮制之戒，如五戒之饮酒戒。

③宫毗罗大将：义为蛟龙。

④伐折罗大将：义为金刚。

⑤迷企罗大将：义为金带。

⑥安底罗大将：义为破空山。

⑦额你罗大将：义为沉香。

⑧珊底罗大将：义为螺女形。

⑨因达罗大将：义为能天主，亦云地持。

⑩波夷罗大将：义为鲸鱼。

⑪摩虎罗大将：义为蟒龙。

⑫真达罗大将：义为一角。

⑬招杜罗大将：义为严帜。

⑭毗羯罗大将：义为善艺。

【译文】

救脱菩萨又说："阿难！琰魔王主管世间众生善恶罪福的名籍簿，若有众生不孝顺父母，破坏毁谤三宝，不忠于国家而犯上作乱，以至于犯下杀淫盗妄等根本戒法，琰魔王乃根据其罪业的轻重，拷问处罚。因此，我才殷勤奉劝一切众生，燃灯举幡，放生修福，承此功德福力，免离一切苦厄横难，得以增长福寿。"

这时，法会大众中有十二位药叉大将在座，他们是：宫毗罗大将、伐折罗大将、迷企罗大将、安底罗大将、额你罗大将、珊底罗大将、因达罗大将、波夷罗大将、摩虎罗大将、真达罗大将、招杜罗大将、毗羯罗大将。这十二位药叉神将，各自统领七千药叉以为眷属，异口同声地向佛禀告说："世尊！今天我们蒙佛威神之力，得闻世尊药师琉璃光如来名号，善根增长，从此不再有堕入恶趣的恐怖。我等全体至心诚意，尽形寿皈依佛法僧三宝，并且发誓护卫一切有情众生，普皆饶益，令其离苦得乐。无论在乡村、城邑或是山林，若有人流布这部《药师经》，并且持念药师琉璃光如来名号，恭敬供养药师如来者，我等及所有眷属，定当时常于旁护卫他们，使他们解脱一切苦难，并且满足他们的愿求。若有遭逢疾病危难而祈求度脱的众生，应当诚心读诵此经典，以五色彩缕，结成名字结出十二药叉大将的名字，或梵字，或华字，待灾难消除，愿望达成后，再解开缕结。"

尔时，世尊赞诸药叉大将言：善哉善哉！大药叉将！汝等念报世尊药师琉璃光如来恩德者，常应如是利益安乐一切有情。

尔时，阿难白佛言："世尊！当何名此法门？我等云何奉持？"佛告阿难："此法门名说药师琉璃光如来本愿功德；亦名说十二神将饶益有情结愿神咒；亦名拔除一切业障。应如是持。时薄伽梵说是语已，诸菩萨摩诃萨，及大声闻、国王、大臣、波罗门、居士、天、龙①、药叉、健达缚②、阿素洛③、揭路荼④、紧捺洛⑤、莫呼洛伽⑥、人、非人等，一切大众，闻佛所说，皆大欢喜，信受奉行。

【注释】

①龙：梵语 Nāga，音译那伽。群龙之首，称为龙王或龙神。龙王摄属于畜生趣，乃愚痴、嗔恚之人所受之果报。一般而言，龙为居于水中的蛇形鬼类，具有呼云唤雨之神力，亦为守护佛法的八部众之一。

②健达缚：即乾闼婆，梵语 Gandharva，意译为食香、香阴、香神或寻香主，与紧那罗同为奉侍帝释而司奏雅乐之神，故被称为寻香神、乐神或执乐天。

③阿素洛：即阿修罗，梵文 Asura，译为非天，因其有天之福而无天之德，似天而非天。又译作无端，因其容貌很丑陋。又译作无酒，言其国酿酒不成。阿修罗为六趣、八部、十界之一。性好斗，常与帝释战，国中男丑女美，宫殿在须弥山北，大海之下。

④揭路荼：即迦楼罗，梵文 Garuda，乃大鹏金翅鸟。

依佛典所载，迦楼罗的翅膀是由众宝交织而成，所以又称为金翅鸟或妙翅鸟。这种鸟的躯体极大，两翅一张开，有数千里，甚至于数百万里之大。其出生类别有胎生、卵生、湿生、化生四种。迦楼罗的主要特点是以龙为食物。因此，在佛教传说里，这种鸟是各种龙的克星。由于迦楼罗与龙都敬畏佛法，因此，当迦楼罗要抓龙来吃的时候，如果龙用僧人的袈裟披身，则迦楼罗便不敢加以捕食。

⑤紧捺洛：即紧那罗，梵名 Kimnara，意译为疑神，疑人或非人。原为印度神话中之神，后被佛教收为天龙八部众之一。此神面貌似人，然顶有一角，人见而起疑，故称之为疑人或疑神。彼具有美妙的音声，能歌舞，为帝释之执法乐神。

⑥莫呼洛伽：即摩侯罗伽，梵名 Mahoraga，为无足、腹行之蟒神。因毁戒、邪谄、多嗔、少布施、贪嗜酒肉、怠慢持戒，遂堕为鬼神，因体内多嗔虫啃食其身而痛苦异常。

【译文】

此时，世尊称赞诸位药叉大将说："好极了！好极了！各位药叉大将！你们能感念报答世尊药师琉璃光如来的恩德，就应如此常使一切众生受益安乐。"

这时，阿难咨请佛言："世尊！应当以何种名称，来称呼此一法门？我等佛弟子应该如何信奉受持？"于是佛告诉阿难说："此法门有三个名称：一是《药师琉璃光如来本愿功德》；二是《十二神将饶益有情结愿神咒》；三是《拔除一切业障》。应牢记此名称，依法恭敬受持。”释迦牟尼佛说完此经，在座的诸大菩萨，及声闻大众，还有国王、大臣、婆罗门、居士等人众，以及天人、龙众、药叉、健达缚、阿素洛、揭路荼、紧捺洛、莫呼洛伽等天龙八部一切与会大众，闻佛所说这一微妙法门，皆法喜充满，信受奉行。